Karl Schorbach

Seltene Drucke in Nachbildungen

V. Die Geschichte des Pfaffen zu Kalenberg

Karl Schorbach

Seltene Drucke in Nachbildungen
V. Die Geschichte des Pfaffen zu Kalenberg

ISBN/EAN: 9783744614382

Hergestellt in Europa, USA, Kanada, Australien, Japan

Cover: Foto ©Thomas Meinert / pixelio.de

Weitere Bücher finden Sie auf **www.hansebooks.com**

Seltene Drucke

in

Nachbildungen.

Mit einleitendem Text

von

Karl Schorbach.

V.

Die Geschichte des Pfaffen vom Kalenberg.

Halle a. S.
Verlag von Rudolf Haupt
1905.

Die Geschichte des Pfaffen vom Kalenberg.

Heidelberg 1490.

Mit bibliographischen Nachweisen.

Halle a. S.
Verlag von Rudolf Haupt
1905.

Buch- und Kunstdruckerei Breitkopf und Härtel, Leipzig.

Einleitung.

Zu den ältesten und beliebtesten deutschen Schwankbüchern gehört die in Niederösterreich entstandene Dichtung von den Schelmenstreichen des Pfaffen vom Kalenberg, einer Eulenspiegelfigur in geistlichem Gewande. Schon um das Jahr 1400 müssen einzelne Erzählungen von den Possen des pfiffigen Schalkes in Umlauf gewesen sein, die sich allmählich unter dem Beifall des belustigten Volkes zu einem ganzen Zyklus erweiterten. Aber erst gegen die Mitte des 15. Jahrhunderts erhielt das Gedicht die uns überlieferte Form und wurde aufgezeichnet. Als Herausgeber dieser gereimten Schwanksammlung nennt sich am Schlusse des oberdeutschen Textes Philipp Frankfurter zu Wien, ein sonst unbekannter Dichter, über dessen Lebensumstände bis jetzt nicht das Geringste zu ermitteln war. Obschon Frankfurter in dem Nachwort erklärt, daß er den Stoff in Verse gebracht („das zu reim gemachet") habe, so verbietet sich doch die Annahme, es seien ihm die einzelnen Schwänke nur in prosaischer Form, mündlich oder schriftlich, bekannt geworden. Vielmehr sind zweifellos schon längere Zeit vor ihm verschiedene Gruppen der Kalenbergerspäße in poetischer Fassung umgegangen. Bei näherer Untersuchung zeigt es sich, daß der erhaltene oberdeutsche Text des Kalenbergers keine einheitliche Komposition ist, sondern eine lose ungeschickte Verbindung älterer Bestandteile, welche nicht den gleichen Stil aufweisen[1]). Philipp Frankfurter war also nicht der Verfasser der Dichtung, sondern nur ein Kompilator, welcher die verschiedenen Schwankgruppen miteinander verband, wobei er öfters ungeschickt kürzte und einzelne Geschichten in verstümmelter Gestalt wiedergab, so daß mehrfach die witzige Pointe der ursprünglichen Erzählung ganz verwischt wurde.

Wahrscheinlich hat der Bearbeiter gar nicht aus mündlicher Überlieferung geschöpft, sondern nur schriftliche Quellen benutzt, denn im Nachwort (Bobertag Vers 2159 ff.) sagt er:

> „vnd der noch weitter wer geweßen
> den ich, vnd het sein meer geleßen,
> der mag es wol setzen her zue."

Sicher stammt die Einleitung und das Schlußwort von dem Kompilator, worin dieser seine Ungelehrtheit und Ungeschicklichkeit im Dichten beklagt und entschuldigt. Und tatsächlich ist seine Gestaltungskraft und Verskunst eine recht unbedeutende. Beim Zusammenrücken der übernommenen Schwänke übersieht er mangelhafte Anknüpfung, Fehler der Vorlage versteht er nicht zu bessern und ebensowenig offenbare Auslassungen zu ergänzen. Vergleicht man mit dem Kalenbergerbuch die verwandte Dichtung Strickers vom Pfaffen Amis, welche im 13. Jahrhundert in Österreich entstanden ist, so erkennt man, wie sehr im Laufe dieses Zeitraumes die Kunst verrohet war. Aber trotz der mangelnden Gestaltungsfähigkeit Frankfurters bietet die

---

[1]) In den Literaturgeschichten ist dies nicht bemerkt worden. Der erste, welcher auf die Unterschiede der Komposition hinweist, war Jos. Seemüller [Geschichte der Stadt Wien. Band III (1903) S. 18 ff.]. Bei Nagl und Zeidler, Deutsch-Österreichische Literaturgeschichte (1899) S. 304 finden sich auffälligerweise nur ganz dürftige Notizen.

Zusammenstellung der Kalenbergerstreiche jedem für den alten deutschen Humor empfänglichen Leser köstlichen Genuß. Die treffliche Situationskomik einzelner gut erzählter Schelmenstücke des derb-bäuerischen Landgeistlichen kann ihre erheiternde Wirkung nie verfehlen.

Als Schauplatz der losen Possen, welche der witzige Kalenberger Dorfpfarrer ausgeführt haben soll, gilt nach der Überlieferung der Hof Ottos des Fröhlichen in der Stadt Wien sowie das benachbarte Kalenberger Dorf. Das heitere Hofleben unter Herzog Otto (+ 1339, und seine 1. Gemahlin, Elisabeth von Bayern, kannte der ursprüngliche Erzähler nicht mehr aus eigener Anschauung, sondern nur aus abgeblaßter Erinnerung des Volkes. Der Held der Dichtung wird ohne Namen eingeführt und nur nach seinem Amt als „der Pfarrer" oder „der vom Kalenberg" bezeichnet. Auch seine Person war bereits sagenhaft geworden. Die ältesten literarischen Quellen, welche unser Schwankbuch erwähnen (so der Bearbeiter des Neithart Fuchs, Seb. Brant und Murner), kennen keinen Namen des Schelmenpfaffen. Luther nennt ihn in den Randglossen zur Bibel[1] „Vincentius, Pfaff von Kalenberg", Aventin[2] in seiner Chronik „Pfaff Hans, pfarrer zum Calenberg" und Joh. Jakob Fugger (um das Jahr 1585) im Ehrenspiegel[3] „Weigand von Theben ... Pfaff von Calenberg", welch letzteren Namen später viele Schriftsteller nachgeschrieben haben. Auf welchen Quellen Luther, Aventin und Fugger fußen, ist unbekannt[4].

Die Figur des Kalenbergers zeigt deutlich 2 Charaktere. Einerseits erscheint er als witziger Lustigmacher des Hofes und anderseits als der listige überlegene Dorfpfarrer, welcher von den zähen Bauern für sich und die Kirche Vorteile zu erringen weiß. Danach teilen sich die Schalkstreiche des geistlichen Eulenspiegels in 2 Hauptgruppen, in die Hofschwänke und die Dorfschwänke. Eine kleinere dazwischen eingeschobene Gruppe von Schelmenstücken spielt in klerikalen Kreisen, an denen der Kalenberger Pfarrherr gleichfalls seinen Schabernack ausübte.

In der ersten einleitenden Geschichte hören wir, wie sich der Held unserer Erzählung als Student beim Herzog Otto einführte, indem er ihm einen außergewöhnlich großen Fisch als Geschenk darbrachte. Als Gegengabe erbittet er sich eine Tracht Prügel und den gleichen Lohn für den Türhüter, welcher sich die Hälfte des Gnadengeschenkes ausbedungen hatte[5]. Der Herzog findet Gefallen an dem lustigen Studenten, hilft ihm auf seine Bitten hin, daß er Priester wird, und verschafft ihm die erledigte Kalenberger Pfarre[6].

Die darauf folgenden 3 Dorfschwänke (Bobertag Vers 219—486) geben interessante kleine Bilder aus dem Leben und Treiben in der Landpfarrei und von dem Verkehr des Dorfgeistlichen mit seinen Bauern, die er gerne foppt und anführt.

1) Durch seine Predigt bringt der schlaue Kalenberger seine geizige Gemeinde dazu, ihm das Chordach neu zu decken und später notgedrungen auch das Langhaus der Kirche[7].

2) Die Feldarbeiter, welche er sich gedungen und die ihn prellen und übervorteilen wollen, weiß er zu überlisten.

3) An einem Kirchweihtag führt unser Pfarrer folgenden Schabernack aus. Er verspricht, bei diesem Fest vom Kalenberger Turm über die Donau zu fliegen, und läßt bei dieser Gelegenheit den Bauern seinen kahmigen Wein ausschenken[8].

Zwischen no. 2 und 3 ist der schmutzige Spaß von der Verunreinigung der Kirche (der Schwank von den Linsen) eingeschoben, welcher gar nicht in die Art der Bauernszenen hinein-

[1] In Jesus Sirach XIX, 5 (Luthers Werke Band 64. Frankf. u. Erlangen 1855) S. 177.

[2] Job. Turmair's (Aventins) Werke V S. 459. In der Ausgabe seiner Chronik v. J. 1580 Bl. 390b.

[3] Fugger, Spiegel der Ehern des Erzhauses Österreich (in der Ausgabe von Sigmund von Birken) Nürnberg 1668 S. 317.

[4] Im 14. Jahrh. erscheinen in österreich. Urkunden ein Pfarrer Andre von Kalenberg und ein Caplan Anthoni von Kalenberg (Seemüller a. a. O. S. 25). In der kirchl. Topographie von Niederösterreich I (68 wird unserem Kalenberger nach unbekannter Quelle der Name Gandofarus beigelegt.

[5] Ähnliche Erzählungen von erbetenen und geteilten Schlägen finden sich vielfach in Literaturdenkmälern des Orients und des Abendlandes (vgl. unten).

[6] Dies ist frei vom Dichter erfunden. Der Herzog hatte die Pfarrei nicht zu besetzen, sondern das Stift Klosterneuburg.

[7] Des Kalenberger Predigt hat Widman im Peter Leu nachgebildet (vgl. Kalenberger Vers 230 ff. mit Peter Leu Vers 1248 ff. in Bobertags Narrenbuch).

[8] In der 14. Historie des Eulenspiegel verspricht dieser, von der Laube zu Magdeburg zu fliegen. Den Spaß vom Weinausschank bei unser Schwank als Besonderheit. Daß übrigens der „Kalenberger Wein", wenn er nicht kahmig geworden, ein sehr guter Tropfen ist, weiß jeder, der ihn einmal in Wien gekostet hat.

paßt. Diese Erzählung, die ſtark an die rohen Streiche Till Eulenſpiegels erinnert, darf vielleicht als jüngerer Zuſaß Frankfurters gelten, wofür auch die unklare und ungeſchickte Faſſung
des Schwankes (ſpricht [1]).

Auf die 3 Dorfſzenen folgen drei Schwänke, die ſich in klerikaler Umgebung abſpielen.

a) Der Rätſelwettſtreit zwiſchen dem Kalenberger Pfarrherrn und einem Amtsbruder aus
der Nachbarſchaft [2]).

b) Die Heilung des alten Biſchofs von Paſſau (verſtümmelt überliefert) [3]).

c) Die derbe, aber gut erzählte Geſchichte von der „Kapellenweihe“ durch den Weib-
biſchof [4]).

An dieſe Gruppe von Schalkſtreichen ſind die Hofſchwänke angereiht, welche ein ziemlich
abgerundetes Ganze bilden und ſich durch beſſere Darſtellungskunſt und gewandtere Form aus-
zeichnen. Der Übergang zu dieſem neuen Schwankzyklus wird durch den Beſuch der Herzogin
im Kalenberger Dorf vermittelt, bei welcher Gelegenheit unſer verſchlagener Landpfarrer durch
allerlei Poſſen Vorteile für ſich zu erreichen verſteht, ſo z. B. neue Kleider für ſeine Mägde
und prächtige Heiligenbilder anſtatt der mutwillig in den Ofen geworfenen alten Holzfiguren.

Das erſte am Wiener Hof ausgeführte Schelmenſtück war die Einführung der nackten
Bauern an die herzogliche Tafel. Hier zeigt ſich der Kalenberger Pfaffe in der Rolle des Hofnarren, der zur Beluſtigung der Hofgeſellſchaft mancherlei Schabernack verübt. Zumeiſt werden
die poſſenhaften Situationen durch Neckereien des Herzogs hervorgerufen, auf deſſen Freigebig-
keit der geiſtliche Spaßmacher ſchlau ſpekuliert. Durch abſichtliches Mißdeuten von Ver-
ſprechungen ſeines Herren weiß er dieſen zu überliſten und für ſich zu nußen zu ziehen. Nach-
einander erlangt er auf dieſe Weiſe ſilberne Beſchläge für ſeine kotigen Bauernſchuhe, ein
ſchönes Pferd und einen rieſengroßen Sack mit Hafer.

In loſem Zuſammenhang folgt dann ein Faſtnachtsſcherz des Herzogs, welcher den Kalenberger einladen läßt, zur angeſeßten Hofjagd in ſeiner „Hofweiſe“ zu kommen, worauf der
drollige Pfarrer auf einem Miſtwagen zu Pferde ſißend „geritten und gefahren“ kam [5]). Als
Anhang iſt weiter noch der Beſuch der 4 Hofherren im Kalenberger Pfarrhof angefügt, bei
welchem der geiſtliche Narr ſeinen Gäſten einen unſauberen Streich ſpielte und ihnen die guten
Roſſe vertauſchte [6]).

Die beiden leßten Schelmenſtücke des Kalenbergers ſind wiederum reine Bauernſchwänke.
In dem einen veranlaßte der Pfarrherr durch einen ſonderbaren Umzug die Beſchaffung einer
neuen Kirchenfahne, im zweiten befreit er ſich dadurch, daß er im Meßgewand das Vieh
austrieb, von der läſtigen Pflicht des Weidegangs.

Die Dorfſchwänke unſrer Dichtung ſind vor den Hofſzenen durch ſtärkere Situationskomik
ausgezeichnet, dagegen weniger geſchickt in der Erzählung und minder glatt im Stil.

Eine Verbindung dieſer beiden Hauptſchwankgruppen, welche urſprünglich nebeneinander
beſtanden, ſcheint zunächſt, wie Seemüller ausgeführt hat, durch den Erfinder der klerikalen
Schwänke bewirkt zu ſein. Die Einfügung der drei ſchmußigen Geſchichten, von denen 2 ſtark
mit Eulenſpiegelſtreichen verwandt ſind, geſchah wahrſcheinlich ſpäter. Bei der Erzählung
vom waſchenden Pfarrer und der Geſchichte von den geprellten 4 Hofherren wird zudem deutlich,
daß ſie dazu beſtimmt waren, einen Übergang von einer Gruppe zur andern zu ſchaffen. Vermutlich rühren dieſe Einſchiebungen, ebenſo wie Eingang und Schluß des uns überlieferten
oberdeutſchen Textes, von dem jüngſten Bearbeiter, Philipp Frankfurter, her. Jedenfalls ſind
verſchiedenartige Beſtandteile zu erkennen, aus denen ſeine Kompilation erwachſen iſt.

[1] Einen ähnlichen ſchmußigen Schwank von Beiahelung der Kirche enthält die 12. Hiſtorie des Eulenſpiegel (wie
Ulenſpiegel ein Meßner ward); vgl. Neudrucke deutſcher Literaturwerke no. 55/56 S. 17 und Flicharts Werke II (hg. von
Bauffen) S. 79.

[2] Vorbild waren wohl die Rätſelfragen im Pfaffen Amis.

[3] Der niederdeutſche Text iſt hier vollſtändiger und beſſer.

[4] Auf dieſe Geſchichte ſcheint Marner, Von dem Gr. Luiheriſchen Narren anzuſpielen; vgl. Ziermannia XVIII S. 159
Verwandt iſt das franz. Gedicht L'eveque qui benit sa maltresse (Le Grand d'Auny III. 126 ff.).

[5] Durch Ungeſchick des Bearbeiters ging hier die Pointe verloren, ebenſo wie vorher beim Einzug des Kalenbergers
an den biſchöflichen Hof zu Paſſau, wo dieſer „geritten und gegangen“ herbeikam, d. h. den einen Fuß im Sattel, den
andern auf der Erde.

[6] Dieſer ſchmußige Spaß erinnert wieder an die Streiche Eulenſpiegels. Er bildet den Übergang zu den leßten Dorf-
ſchwänken und iſt wohl jüngere Zutat.

Von einer alten handschriftlichen Überlieferung des oberdeutschen Kalenbergerbuches hat sich nicht die geringste Spur erhalten[1]. Bald nach Fertigstellung des Textes — die Arbeit Frankfurters darf man um das Jahr 1450 ansetzen — erschien die Dichtung bereits im Druck.

Die älteste bis jetzt bekannt gewordene Ausgabe des oberdeutschen Kalenbergertextes stammt ungefähr aus dem Jahre 1473 (vgl. unten no. I), aber wahrscheinlich war schon eine ältere vorausgegangen. Das lustige Schwankbuch fand sofort großen Beifall und wurde bereits im 15. Jahrhundert mehrfach nachgedruckt[2]. Zahlreiche neue Auflagen im 16. Jahrh. beweisen die fortdauernde Beliebtheit des Werkes. Sogar die erdrückende Konkurrenz der Eulenspiegelschwänke, welche dem Zeitgeschmack noch mehr entgegenkamen, vermochte das Kalenbergerbuch einige Jahrzehnte lang auszuhalten[3]. Erst gegen die Mitte des 17. Jahrhunderts nimmt die weitere Verbreitung durch neue Auflagen ihr Ende[4].

Eine Übersicht über die bisher ermittelten alten Kalenbergerdrucke soll im nachfolgenden versucht werden. Sie ist durch mühsame Nachforschungen an über 100 deutschen und ausländischen Bibliotheken zustande gekommen. Daß hierbei einige verschollene und unbekannte Ausgaben ans Licht gezogen wurden, gereicht mir zur besonderen Freude.

No. I.

Von der ältesten bekannt gewordenen Ausgabe des Kalenbergers, die in Augsburg von Jodocus Pflanzmann um das Jahr 1473 gedruckt wurde, hat sich leider nur ein kleines Fragment, Bogen g, erhalten. Gerettet sind vom alten Text Vers 1733—2031 nach der Ausgabe Bobertags, Narrenbuch S. 71—82. — Bogen g beginnt mit dieser Überschrift:

Hij reitt der furst an das gejaid vñ der pfarher hinten nach vnd bij fraw ra[ÿ]t zn(!) dem pfarher.

Darunter Holzschnitt (61×45 mm): der Kalenberger reitet nach links, hinter ihm her die Herzogin. Dann folgen die Verse 1733 ff.

das er es alles über sach wol zu dem pfarher sie do sprach etc.

----

[1] Der Bearbeiter des Melibort Fuchs sowie Seb. Brant kannten die Kalenberger-Schwänke wohl schon aus einer Inkunabel-Ausgabe. Die handschriftliche Kopie des Kalenberger-Textes durch D. Voß im J. 1526 ist nachweislich die Abschrift nach einem Drucke des 16. Jahrb.; vgl. unten in der Bibliographie no. VI.

[2] Mehrere Anzeigen sprechen dafür, daß einige Drucke des 15. Jahrh. verloren gingen, darunter vermutlich auch eine Straßburger Ausgabe.

[3] Über den Absatz des Kalenbergerbuches im 16. Jahrh. erhalten wir aus dem Meß-Memorial des Frankfurter Buchhändlers Michel Harder (hg. von Reichner u. Wälder 1873) einen Anhalt. Dieser eine Buchführer verkaufte in der Fastenmesse 1569 allein 8 Exemplare eines (vermutlich frankfurter) Kalenbergerdruckes, und zwar 4 an den Buchhändler Alberdi von Grüningen (aus Münster) und 4 an Matthis Harnisch von Heidelberg (vgl. a. a. O. Bl. 13ᵇ u. 16ᵇ). Vom Eulenspiegel setzte er allerdings zur gleichen Zeit im Ganzen 77 Exemplare ab.

[4] Neue Textausgaben des Kalenbergers sind nachstehende. Den ersten Abdruck lieferte Fried. Heinr. von der Hagen im Narrenbuch (Halle 1811) S. 269—352, aber nach dem späten (schlechten) Druck vom J. 1620 (no. XVIII der folgenden Biblogr. Zusammenstellung). Eine Ausgabe des Nürnberger Druckes von ca. 1490 (no. II) veröffentlichte Bobertag im Narrenbuch (Berlin u. Stuttgart 1884) S. 1—86. Den unbrauchbaren Text Fr. W. Ebelings (Die Kahlenberger. Berlin 1890) S. 93—138, welcher einem angeblichen Druck vom J. 1500 wiedergeben soll, habe ich unten (no. IV) als eine Fälschung charakterisiert. In erneuter Gestalt gab den Text Karl Pannier, Der Pfarrer vom Kalenberg und Peter Leu (Leipzig 1890) heraus [Reclams Universalbibliothek no. 2809]. Ein Auszug aus dem späteren Druck (o. J. 1620) erschien unter dem Titel „Der Pfarrer vom Kalenberg; oder: der geistliche Eulenspiegel" Leipzig 1810. Die von Ebert u. anderen angeführte Ausgabe dieses Büchleins Leipzig 1818 habe ich nicht gesehen.

Von weiterer Literatur ist zu erwähnen: K. Fr. Flögel, Geschichte der Hofnarren (1789) S. 251 ff., v. d. Hagen und Büsching, Litterar. Grundriß (1812) S. 356 ff., Göbde[?], Grundriß zur Gesch. der deutschen Dichtung I 2 X. S. 543 f. und der Aufsatz von Wilh. Köppen im Jahrbuch des Vereins für niederdeutsche Sprachforschung XX (1894) S. 92 ff. Die beste Einführung in unser Gedicht bietet Seemüller, Geschichte der Stadt Wien III (1903) S. 18 ff. Leider ist dies schöne Werk nicht allgemein zugänglich.

Der erhaltene Text endet Bl. g 8ᵇ 3. 11 ff.:

> ([Hÿ treibt der pfarher daß biech auß (!) ‖ in dem meßgewant bñ dÿ
> kleinerin get ‖ bo; im ‖.

Dann Holzschnitt (60×42 mm): links der Pfarrer im Meßgewand, mit einem Stock auf seiner
rechten Schulter; rechts die Magd mit zwei Kindern. Darunter steht als letzte Zeile
(Vers 2031):

> Hin nach dem biech do waß im iach ‖.

Das vollständige Buch enthielt nach sicherer Berechnung 60 Blätter in 8°, 8¹/₂ Bogen mit
den Sign. a—h. Die letzte Lage zählte nur 4 Blatt. Erhalten ist bloß Bogen g, der allein
diese Signatur auf seinem ersten Blatt trägt. Custoden sind nicht vorhanden, auch Blattzählung
fehlt. Auf voller Seite stehen 22 Zeilen. Texttype eine schmale Gotisch, 20 Zeilen = 106 mm.
Es ist die Bibeltype des Jodocus Pflanzmann in Augsburg (vgl. Muther, Bücherillustra-
tion II, Taf. 3 u. Burger, Monumenta Germ. typ. Taf. 51).

Die Verszeilen sind abgesetzt, Versalbuchstaben stehen ohne Prinzip an manchen Zeilenan-
fängen, meist aber an Sinnabschnitten. Satzzeichen fehlen durchaus; vor einigen Überschriften
steht ([.

Unser Fragment enthält 5 Holzschnitte auf Bl. g 1ᵃ, g 3ᵃ, g 5ᵃ, g 6ᵃ u. g 8ᵇ. Es sind
rohe Bilder in Spielkartenmanier, durchschnittlich in der Größe von 60×42 mm. Das ganze
Buch hatte nach Analogie der nachfolgenden Ausgaben 37 Textillustrationen, die aber weder
in dem späteren Nürnberger noch Heidelberger Druck kopiert worden sind (vgl. no. II u. III).

Initialen waren in dem einfach ausgestatteten Buch kaum vorhanden. Möglicherweise
trug aber das erste Blatt einen in Holz geschnittenen Titel, wie die Nürnberger Ausgabe.

Ein Wasserzeichen des Papiers fehlt in unserem Fragment. Von der l. erhaltenen Seite
findet sich ein Faksimile bei Seemüller in der Geschichte der Stadt Wien, Band III, Taf. IVᵇ.

Das Bruchstück der Pflanzmannschen Ausgabe wurde von Prof. Wilhelm Meyer aus
Speyer von einem Bucheinband der Münchener Staats-Bibliothek losgelöst. Durch Abreiben
und Wurmfraß hat es gelitten; Bl. g 2 ist unten beschädigt, die Bl. g 3—6 haben durch Ab-
schneiden am unteren Rand 2—4 Zeilen eingebüßt.

Zuerst erwähnt ist unser Fragment von Karl Meyer (Sammlung bibliothekswiss. Arbeiten
hg. von Dziatzko. Heft 6 1894. S. 62f.), ferner von W. Köppen (Jahrb. d. Vereins f.
nd. Sprachforschung XX 1894, S. 92f.) und von Seemüller a. a. O. S. 20 Anm. l.

Das Exemplar des Druckrestes findet sich zu München in der Hof- u. Staatsbibliothek
(P. O. germ. 702ᵃ).

No. II.

Die zweitälteste Ausgabe des Kalenbergers, leider unvollständig erhalten, ist ohne Angabe
von Ort, Drucker und Jahr, aber zweifellos zu Nürnberg bei Peter Wagner um 1490
erschienen.

Auf Bl. 1ᵃ stehen nur die beiden Titelzeilen, xylographisch hergestellt:

> Die geschicht deß pfar-kerß vom Kalenberg ‖.

Dieser Titel ist faksimiliert bei Bönnecke, Bilderatlas 2. A. S. 111. Bl. 1ᵇ leer. Auf
Bl. 2ᵃ beginnt das Gedicht:

> [ ] Et ich der bücher vil geleßen ‖ das wer mir nie so not ge-
> weßen ‖ (etc.)

Das Buch schließt Bl. 60ᵃ 3. 11—14:

> Darumb so ist mein gemüet so schwer ‖ so redt billip franck fütter ‖
> Czu wien in der loblichen stat ‖ der daß zu reim gemachet hat ‖.

Bl. 60ᵇ ist unbedruckt.

8°. Das vollſtändige Exemplar umfaßte 60 Blätter, von denen in dem einzigen geretteten 2 Blätter fehlen (C 4 u. C 5). Ohne Blattzahlen und Cuſtoden, mit den Signaturen A j bie auf dem 2. Blatt ſteht — A iij, B j — G iiij, H I H ij. Die erſten 7 Lagen zählen 8 Bl., die 8. nur 4 Bl. Auf voller Seite ſtehen 24 Zeilen. Schwabachertype. 24 Zeilen = 106 mm. Es iſt Type I des Peter Wagner in Nürnberg, die er z. B. in der datierten und unterſchriebenen Ausgabe von Brants Narrenſchiff 1494 verwendete. Die beiden Titelzeilen in fetten Schriftzügen ſind in Holz geſchnitten. Verſe abgeſetzt, jedes Reimpaar mit Verſal beginnend. Interpunktion fehlt.

Das Buch enthielt 37 Holzſchnitte, von denen 36 erhalten ſind (durchſchnittlich 63×49 mm). Der fehlende muß auf Bl. C 5 geſtanden haben mit der Überſchrift: Sie ſürt der Kamerer den pfarrer für den biſchoff in ſeyn ſchlaffkamer [vgl. das Bild in unſerem Fakſimile Bl. b i°].

Die Illuſtrationen ſind von einer Hand und nicht ſchlecht in der Zeichnung; ſie übertreffen die Bilder der Pflanzmannſchen und Knoblochzerſchen Ausgabe (no. I u. III) erheblich. Zu den Illuſtrationen der letzteren ſtehen ſie in indirekter Beziehung. Fakſimiliert ſind alle Holzſchnitte bei Bobertag, Narrenbuch, aber nicht immer an richtiger Stelle, ferner bei Ebeling, Kahlenberger, der ſich nicht entblödete, das fehlende Bild und außerdem einen Titelholzſchnitt aus ſeiner Phantaſie einzuſchieben. Einzelne Illuſtrationen unſeres Druckes ſind abgebildet bei Könnecke, Bilderatlas 2. A. S. 111, Vogt u. Koch, Geſch. der deutſchen Literatur I² S. 236, bei Pannier, Der Pfarrer v. Kalenberg (Reclam Univ.-Bibl. no. 2809) und Seemüller a. a. O. Taf. IVᵃ. Die Überſchriften der Bilder ſtehen oft vom Holzſchnitt getrennt auf der vorhergehenden Seite.

Initialen ſind nicht vorhanden. Am Anfang des Gedichtes (Bl. 2ᵃ) wurden für ein einzumalendes H drei Zeilen des Textes eingerückt. Das Papier zeigt 2 verſchiedene Waſſerzeichen: 1. ein Lamm (?) u. 2. ein ſäulenartiges Ornament. Den Text dieſer Ausgabe veröffentlichte Bobertag, Narrenbuch S. 7—86.

Unſer Druck blieb den älteren Bibliographen (Panzer, Hain uſw.) unbekannt. Lappenberg wies ihn zuerſt nach in den Wiener Jahrbüchern 42 (1828), Anzeigeblatt S. 17 ff. und dann in ſeinem Ulenſpiegel S. 355. Vgl. ferner die kurzen Notizen bei Gräße, Tréſor IV, S. 2, Weller, Annalen II S. 307 und Repertorium no. 34, Gödeke, Grundriß I² S. 344, Bobertag, Narrenbuch S. 3, Ebeling, Kahlenberger S. 17 und W. Köppen a. a. O. S. 92. Seit Lappenberg galt dieſe Ausgabe als die erſte und wurde an das Ende des 15. Jh. geſetzt. Nur Ebeling (S. 17) erklärte ſie für einen ſpäten Druck, ca. 1550—1560! Über ſeine bibliographiſchen Flunkereien vgl. unten no. IV. Schröber hat den Druckort unſerer Ausgabe (Jahrb. des Vereins f. nd. Sprachforſchung XIII S. 151) richtig erkannt; es gelang ihm aber nicht, den Drucker zu ermitteln.

Einziges (defektes) Exemplar in der Stadtbibliothek zu Hamburg (229ᵇ in Scrinio). Es war urſprünglich mit der alten Ausgabe des Neithart Fuchs und dem Sammelband der Schwänke und Faſtnachtsſpiele (229ᵃ u. 229ᵈ) der Hamburger Bibliothek (vgl. Lappenberg a. a. O.) in einem Bande vereinigt. [Mitteilung meines Kollegen Dr. Fritz Burg in Hamburg.]

No. III.

Die dritte auf uns gekommene Ausgabe des Kalenbergers, und zwar die erſte datierte, iſt aus der Heidelberger Preſſe Heinrich Knoblochzers im J. 1490 hervorgegangen, unter Zufügung von 2 Beigaben. Der Titel auf Bl. 1ᵃ lautet:

Deß pfaffen geſchicht vnd ‖ hiſtori vom kalenberg. ‖ Auch von dem aller ſchon͛ſten ritter Alexander vnnd ‖ von ſeiner ſchonen frauwē. ‖

Bl. 1ᵇ ſteht ſonderbarer Weiſe als Blattfüllung eine Anweiſung, wann die Fiſche am beſten ſind, und eine luſtige Deutung der Fiſche [vgl. unſer Fakſimile]. Bl. 2ᵃ Spalte 1 beginnt der Kalenberger:

(h)Et ich der bücher vil geleſen ‖ bz wer mir nie ſo not geweſſe. ‖ (*etc.*)

6

Unſer Gedicht endet Bl. 17ᵇ Spalte 1 3. 28 ff.

barũmb iſt mÿn gemůt ſo ſchwe? ‖ ſo redt phillip francfurter ‖ Zů
wien in der löblichen ſtat ‖ de? daʒ ʒů rÿmen gemacht hat ‖.

Als Anhang hat der Drucker, wie auch auf dem Citelblatt angekündigt iſt, die gereimte Erzählung vom Ritter Alexander hinzugefügt. Auf Bl. 17ᵇ Sp. 1 3. 29—35 ſteht die Überſchrift dazu:

Item von eÿnem frantʒoſiſchẽ ritter/ ‖ der dʒ aller ſchönſt wÿeÿ het in
ſiner ‖ riſir. bũ wie er noch mit einer ſchön/ʒern in einem andern laub
ſin er bʒach ‖ da durch dÿ beide in den thuʒn gelit ‖ wurden. bũ wie
ſin recht ee weip ſi ‖ beÿde erlediget von dem tod ‖.

Eben auf Sp. 2 folgt dann ein Holzſchnitt 54×64 mm): ein Ritter nimmt Abſchied von ſeiner
Frau. Dann beginnt die Erzählung:

( ) Dn höʒt von eÿner hÿſtoʒien ‖ wie eÿner erloſt ward võ
ſoʒgen ‖ (etc.)

Das Gedicht ſchließt Bl. 19ᵃ Sp. 2 3. 22 ff.

Vnd namen da heimwartʒ die kar ‖ hie bÿ ir weiber nemet war ‖
Sÿt nit ſo heftig vnd ſchwer ‖ daß hat gedrückt heinrich knoblotʒer ‖
In dem XIIII iare ‖.

Bl. 19ᵇ iſt unbedruckt. Bl. 20 weiß (fehlt).

Bl. fol. 20 ungezählte Blätter, leztes unbedruckt, ohne Cuſtoden, mit den Signaturen
a 2, a 3, b 1—b 3, c ij, c 3, c iiij (c i iſt nicht geſeʒt). Die 2 erſten Lagen haben je 6, die
dritte, deren leztes weißes Blatt fehlt, hat 8 Blätter. Zweiſpaltiger Saʒ, auf voller Spalte
41—43 Zeilen. Terttype Schwabacher, 30 Zeilen = 140 mm. Die Citelzeilen ſind mit einer
fetten gotiſchen Schrift gedruckt. Verſe abgeſeʒt, die erſte Zeile der Reimpaare faſt durch-
gehend mit Verſal beginnend. Als Saʒzeichen iſt ziemlich ſparſam der Punkt verwendet, in
den Überſchriften uſw. zuweilen langes Komma, das auch als Trennungszeichen gilt. Vor
den Überſchriften und an Textabſchnitten ſteht ¶.

Der Kalenbergertert iſt in unſerem Druck mit 37 Holzſchnitten ausgeſtattet, der Ritter
Alexander mit einem Bild, das wohl nach einer Einzelausgabe dieſer Erzählung kopiert iſt.
Die Jlluſtrationen ſind äußerſt roh gearbeitet, ähnlich wie die Bilder in Knoblochʒers
Dietrich von Bern (1490) und ſeiner Meluſine (1491); vgl. Schorbach, Seltene Drucke II u.
Zeitſchr. f. Bücherfreunde I S. 135. Offenbar fehlten Knoblochʒer in Heidelberg tüchtige
Formenſchneider, die ihm in Straßburg früher zur Verfügung waren (vgl. Schorbach-
Spirgatis, Knoblochʒer S. 10 ff. und die Tafeln). Die 37 Bilder in unſerm Tert des
Kalenbergers ſind durchſchnittlich 58—60 mm breit und 46 mm hoch, alſo etwas ſchmäler als
die Holzſchnitte des Nürnberger Druckes (no. II), wohl aus dem Grunde, weil ſie für zwei-
ſpaltigen Saʒ beſtimmt waren. Vergleicht man die Jlluſtrationen dieſer beiden Ausgaben,
ſo ſcheinen zuerſt die Bilder des Heidelberger Druckes Kopien nach dem Nürnberger zu ſein,
teils gleichſeitige, teils gegenſeitige rohe Nachſchnitte. Mehrere Unterſchiede ſprechen aber dagegen. Der Nürnberger Druck hat eine Doppel-Darſtellung des geſchlagenen Studenten und
Torbürers (vgl. Bobertag S. 13 u. 14), während Knoblochʒers Ausgabe dieſelbe Jlluſtration
zweimal bietet (vgl. unſer Jakſimile Bl. 3ᵃ).Dem Nürnberger Druck folgen hierin die ſpäteren
illuſtrierten Ausgaben (no. VIII, IX, XV. Ferner hat der Heidelberger Druck eine abweichende
Darſtellung des waſchenden Pfarrers (vgl. Bobertag S. 43 mit unſerm Jakſimile Bl. 8ᵇ) im
Widerſpruch mit der Überſchrift. Die ſpäteren Drucke haben hier die gleiche Abweichung von
der Nürnberger Ausgabe, ohne aber direkt auf Knoblochʒers Druck zurückzugehen. Jedenfalls
weiſen die Jlluſtrationen der Nürnberger und Heidelberger Ausgabe auf eine gemeinſame

7

Vorlage hin, deren Bilderzyklus aber von dem des alten Augsburger Druckes (no. I) abwich. Als Wasserzeichen des Papiers erscheint ein p mit Zackenfuß.

Initialen sind nicht vorhanden. Am Beginn des Kalenbergers (Bl. 2ª Sp. 1) sind die drei ersten Zeilen eingerückt und ein kleines h für den Rubrikator vorgedruckt. Ebenso ist auf Bl. 17ᵇ Sp. 2 vor den zwei ersten Zeilen freier Raum gelassen zum Einmalen der Initiale N.

Unser Druck wurde von Adolf Schmidt in Darmstadt entdeckt und im Centralblatt für Bibliothekswesen X. 1893 S. 433 beschrieben ¹). Besprochen wurde er ferner von Köppen a. a. O. S. 92 ff.

Einziges Exemplar in der Großherz. Hofbibliothek zu Darmstadt (Inc. III. 29).

No. IV.

Eine Ausgabe des Kalenbergers, die ohne Ort und Drucker im Jahre 1500 erschienen sein soll, will angeblich Fr. W. Ebeling (Die Kahlenberger S. 14 f.) seinem Text zugrunde gelegt haben. Nach seiner Behauptung hatte der Druck folgenden Titel:

„Geschicht des Pfaff(!) von Calenberg, nu in Reymen dorch(!) Phillip Franck Fürter czue Wien. M.D."

Das Buch soll 46 unpaginierte Blätter in gr. 8ª. umfaßt haben mit ungleicher Zeilenzahl auf der Seite. Für Initialen und Holzschnitte (!) war Raum gelassen. Vers 1 begann nach Ebelings Angabe:

[H]Ett ich [der Bücher viel gelesen] . . .

Vers 51 soll gelautet haben:

[D]nb ²) was der Fisch [so ungeheur].

Dem benutzten Exemplar fehlten 5 Blätter, mit welchen die Verse 493—668 (= Bobertag V. 493—665) verloren gingen. Von diesem von Ebeling als Erstlingsausgabe des Kalenbergers angesehenen Druck war das einzige Exemplar angeblich im Besitze des verstorbenen Leipziger Buchhändlers Adolf Weigel, der das defekte Buch an einen englischen Bibliomanen verkauft haben soll. Der Name des Käufers wurde nicht mitgeteilt, weil „Geschäftsgeheimnis"! Dem sog. Kalenbergerdruck von 1500 war eine andere Schrift beigebunden, vermutlich die nur von Ebeling gesehene sog. Erstlingsausgabe des Peter Leu, Frankfurt a. M. 1550! (vgl. Ebeling a. a. O. S. 25.)

Diese eben gekennzeichnete Ausgabe des Kalenbergers vom J. 1500 hat niemals existiert. Sie ist eine dreiste Erfindung Ebelings, welcher durch einen bibliographischen Kalenbergerstreich die ihm verhaßten Germanisten hinters Licht führen wollte.

Wie alle Fälscher hat auch Ebeling sich aus Unkenntnis und Unachtsamkeit Blößen gegeben.

1. Die erste Dummheit, die er begangen, war die Abfassung des angeblichen Titels. In der mitgeteilten Form ist er sprachlich unmöglich und paßt in die sich klar entwickelnde Überlieferung gar nicht hinein. Den Namen Philipp Frankfurters bietet keine Ausgabe auf dem Titelblatt; in den älteren Drucken findet er sich nur in dem Nachwort des Bearbeiters, die jüngeren Texte lassen ihn ganz weg ³).

2. Die Behauptung Ebelings, daß für die Holzschnitte Raum freigelassen sei, ist eine thörichte Flunkerei.

3. Absichtlich unklar sind die bibliographischen Angaben über die Einrichtung des

---

¹) Daselbst finden sich auch die litterar. Nachweise über die Beigaben zu diesem Druck, das Prosastück von den Fischen und die gereimte Erzählung vom Ritter Alexander. Eine spätere Bearbeitung dieser Erzählung ist das bekannte Lied Martin Mayers von Crimmitzau (1507); vgl. Göbele I ² S. 517 f.

²) Letztere Angabe ist falsch, denn V. 51 muß es heißen: „Nun was der Fisch . . .", was Ebeling auch wiedergibt (S. 37), ohne seiner früheren leichtfertigen Bemerkung zu gedenken.

³) Umgekehrt verfährt Ebeling beim Peter Leu, wo er den Verfassernamen Achilles Jason Widman, den alle Ausgaben im Titel darbieten, wegläßt, um damit seinem erfundenen „Erstlingsdruck" eine Besonderheit zu geben (vgl. Ebeling S. 25).

8

erfundenen Druckes. Trotzdem begegnet Ebeling ein Verstoß. Auf den 3 fehlenden Blättern sollen 174 Verse gestanden haben, also auf jedem Blatt durchschnittlich 58 Verse. Dies ergäbe für 46 Blätter 2668 Verse, während Ebelings Text nur 2160 aufweist (er schließt wie die ganz späten (!!) Kalenbergerdrucke mit Bobertags Vers 2156).

4. Von den Überschriften der einzelnen Abschnitte sagt Ebeling kein Wort. Er übernimmt sie aber größtenteils aus der jüngsten Ausgabe v. J. 1620, welcher er auch in der Anordnung der Abschnitte sklavisch folgt. Wo diese aber eine Lücke aufweist, die zufällig (!) an der gleichen Stelle ist, wo der angebliche Druck vom J. 1500 defekt gewesen sein soll, muß Ebeling auf Bobertags Text zurückgreifen (vgl. seine ungeschickte Textherstellung von Vers 633 ff. mit dem 3fachen Reim.

5. Daß Ebeling keinen unbekannten alten Druck des Kalenbergers benutzt hat, wie er irreführend behauptet, dies beweist am deutlichsten der wunderliche Text der Dichtung, welchen er ohne Sprachkenntnis ganz kritiklos zusammengeschweißt hat. Der Plan Ebelings ist angeblich der, durch seinen Neudruck dem Leser eine „annähernde Anschauung von der Beschaffenheit einer der besten ältesten Ausgaben" zu gewähren. Was er aber darbietet, ist keineswegs ein guter ursprünglicher Text, sondern ein abstoßendes Gemisch von Sprachformen verschiedener Jahrhunderte! Im großen und ganzen ist diese „Erneuerung" des Kalenbergers nichts anderes als ein willkürlich zugestutzter Nachdruck nach dem schlechten jüngsten Druck vom J. 1620 (vgl. no. XVIII) mit Benutzung einiger Konjekturen v. d. Hagens[1]). Die Lücken seiner Vorlage füllt er nach dem Nürnberger Druck (no. II) aus unter Vergleichung der Frankfurter Ausgabe Gülfferichs vom Jahre 1550 (no. VIII)[2]). Aus diesen Drucken entnimmt er auch sonst häufig Lesarten, vielfach ohne Verständnis und sogar mit Lesefehlern. Über die groben Verstöße, die sich Ebeling bei der Textherstellung zuschulden kommen ließ, vgl. die Rezension von Strauch (Jahresbericht für neuere deutsche Literaturgeschichte I S. 93). Den Neudruck Bobertags hat Ebeling, obgleich er ihn verächtlich macht, recht stark benutzt und übernahm sogar, ohne es zu merken, Druckfehler (!) aus demselben.

Charakteristisch für Ebeling ist noch die Art des Buchschmucks, mit dem er seinen Kalenberger-Text ausstattete. Obschon der alte Druck, dem er angeblich folgte, keine Bilder hatte, setzt er die Illustrationen des Nürnberger Druckes (scheinbar Verkleinerungen nach Bobertags Neudruck) in seinen Text. Ein Titelbild erfand er hinzu (vgl. S. 33 seiner närrischen Ausgabe) und ebenso den im Hamburger Originaldruck fehlenden Holzschnitt, welchen er aus den beiden folgenden Textbildern zusammenzeichnete (vgl. die erfundene Illustration auf S. 71 seiner Ausgabe mit dem ursprünglichen Bild in unserem Faksimile Bl. b 1[a])[3]).

Die verachtenswerten Schwindeleien Ebelings, welcher sich bekanntlich auch bei seinen historischen Arbeiten nicht entblödete, Aktenstücke zu „erfinden", mußten hier genauer gezeigt werden, damit der angebliche Kalenberger-Druck von 1500 für immer aus den Bibliographien verschwinde[4]) und zugleich mit ihm der erdichtete Erstlingsdruck des Peter Leu v. J. 1550.

No. V.

Ein verlorener Straßburger Kalenberger-Druck, welcher bei Joh. Grüninger vor d. J. 1515 erschienen sein muß, läßt sich auf Grund der zwei aus der gleichen Presse hervorgegangenen Eulenspiegel-Ausgaben von 1515 und 1519 erweisen. Diese beiden Ausgaben zeigen nämlich bei der 12. Historie (Verunreinigung der Kirche durch den Pfarrer) eine Illustration, die zum Bilderzyklus des Kalenbergers gehört[5]). Anstatt für den Eulenspiegel eine neue, die Situation genau wiedergebende Zeichnung anfertigen zu lassen, entnahm der Verleger

[1]) Vgl. den Textabdruck v. d. Hagens in dessen Narrenbuch (1811 S. 269 ff. Obwohl Ebeling (S. 21) diese Reproduktion der fehlerhaftesten Ausgabe (!) von 1620 arg tadelt, hätte er von dem „unreifen" Herausgeber mancherlei lernen können.

[2]) Nur diese 3 Drucke kannte Ebeling und erwähnt auch ihre Fundorte. Ob er den Nürnberger Druck im Original benutzte, scheint mir noch fraglich. Vielleicht arbeitete er nur nach Bobertags Neudruck.

[3]) Ebenso hat Ebeling den Titelholzschnitt des Peter Leu (Narrenbuch S. 139) erfunden und zwar im Widerspruch zu S. 30 seiner Einleitung, wonach der Geistliche auf diesem Bild eine Brille tragen soll.

[4]) Daß sich in englischen Bibliotheken keine solche Ausgabe vorfindet, mag noch besonders erwähnt werden.

[5]) Zuerst hat hierauf Lappenberg, Ulenspiegel S. 232 hingewiesen, sodann Göbele, Grundriß I² S. 344.

Grüninger aus seinen Vorräten einen Holzstock mit verwandter Darstellung, ein Verfahren, das er in seiner langen Geschäftspraxis über Gebühr ausübte. In unserem Fall wählte er aus dem vorher von ihm gedruckten Kalenbergerbuch das Bild zu dem unsauberen Schwank von den Linsen (der Meßner kehrt mit einem Besen den Unrat vom Fußboden der Kirche hinweg). Der Grüningersche Holzschnitt aus der Geschichte des Kalenbergers ist eine freie Kopie nach der entsprechenden Jllustration des Nürnberger Druckes (oben no. II).

Man muß bedauern, daß diese Straßburger Kalenbergerausgabe (und mit ihr jedenfalls ein noch älterer Straßburger Druck des Werkes aus dem 15. Jahrh.) zugrunde ging, weil sie möglicherweise jene abweichende Textrezension darbot, welche in der niederdeutschen Bearbeitung, dem „Kerchere van dem Kalenberge" vorliegt [1]).

Über einen ebenfalls verlorenen Straßburger Kalenbergerdruck aus der 2. Hälfte des 16. Jahrh. vgl. unten no. XL.

No. VI.

Von einem verlorenen Kalenberger-Druck, der wohl einige Jahre vor 1526 erschienen war, besitzen wir eine alte Kopie in der Liederhandschrift des Valentin Holl. Diese ist ein Sammelkodex (Papier, erhalten 225 Bll. fol.), in dem Zeitraum von 1524—26 von Val. Holl in Augsburg geschrieben. Den Hauptinhalt des Manuskriptes bilden eine große Menge von geistlichen und weltlichen Liedern und Sprüchen, daneben eine Reihe von Prosastücken (Gebete, Predigten und evangelische Tagesliteratur. Am Schluß stehen die Abschriften von 4 größeren Werken, der Pfaffe Amis (Bl. 173 b), die Histori des Königs Appolonius (180 b), der Kalenberger 191 a) und das new schiff von Narragonia von Seb. Brant (199 a—231 a). Alle diese Kopien, denen früher eine große Anzahl von Lieder-Drucken beigebunden war, erweisen sich als Abschriften von gedruckten Vorlagen, die V. Holl nicht erwerben konnte, deren Texte er aber zu besitzen wünschte.

Der Kalenberger beginnt auf Bl. 191 a Zeile 30 mit dieser Überschrift [2]):

Nun volgt hernach die geschicht deß pfarrerß von Kallenberg.

Dann hebt der Text an:

Hett ich der bücher vil gelesenn. Daz wer mir vast nott gewesen. (etc.)

Der Schluß lautet Bl. 199 a Zeile 23 ff.:

Darumb ist mein gemüett so schwer. | So redt Philipp Franckfurtter. | Zu Wienn in der loblichen statt. | Der daz zu rejmen gemacht hatt; zc. | Scriptum a me Valentino Holl, am 18. tag Apprilß, Anno domini. 1526. Jare. zc.

Diese am 18. April 1526 vollendete Kopie nach einem unbekannten Kalenbergerdruck des 16. Jahrhunderts ist in langen Linien ohne Absetzen der Verse geschrieben, 60 Zeilen auf der Seite. Die Verse beginnen mit Versalen und sind durch Punkte voneinander getrennt; die Überschriften treten nicht hervor. Die Absätze und die Stellen für die Bilder der Vorlage wurden nicht kenntlich gemacht. Lesbare, aber nicht gerade sehr klare Schrift, die etwas nach links übernelgt. Einige interessante Stellen des Textes hat Holl rot unterstrichen.

Eine genaue Beschreibung des Manuskriptes lieferte Phil. Wackernagel, Bibliographie d. Kirchenliedes S. 80 ff. no. CCXV. Über den Hollschen Text vgl. Köppen a. a. O. S. 92 ff.

Valentin Holls Liederhandschrift ist im Besitz der Familie Merkel und wird im Germanischen Nationalmuseum zu Nürnberg bewahrt. In liberalster Weise wurde mir die Benutzung des kostbaren Kodex in der Universitäts- und Landesbibliothek zu Straßburg gestattet, wofür ich der Merkelschen Familie den gebührenden öffentlichen Dank hiermit ausspreche.

¹) Vgl. Jahrbuch des Vereins f. niederd. Sprachforschung XIII S. 152.
²) Die Abkürzungen sind aufgelöst, die Eigennamen mit großen Anfangsbuchstaben versehen worden.

No. VII.

Unauffindbar ift eine Ausgabe des Kalenbergers, die nach Weller, Annalen II S. 307 und Repertorium no. 34 in Augsburg von Heinrich Stainer o. J. (um 1540) in 8° gedruckt wurde. Einen Fundort hat Weller nicht angegeben, alfo offenbar felber kein Exemplar diefes Druckes gefehen, und ebenfowenig nannte er eine Quelle. Bei Ebeling (Die Kahlenberger S. 15) wird die Ausgabe als die drittältefte, von keinem Bibliographen erwähnte (!) kurz angeführt und zwar mit der beftimmten Jahreszahl 1540. Er beruft fich dabei auf den Antiquar Oswald Weigel, welcher den verfchollenen Druck lange, aber vergebens gefucht habe. Auf welchen Gewährsmann Wellers Angabe zurückgeht, glaube ich gefunden zu haben. In den Hannoverifchen gelehrten Anzeigen vom J. 1752 Sp. 269 war eine Anfrage betreffend den „Papen von Calenberg" geftellt worden. Das 27. Stück derfelben Zeitfchrift gibt 3 Antworten darauf. Die zweite, mit St. unterzeichnete Auskunft gibt an, ihre Mitteilung fei aus der „Gefchichte des Pfarrers von Kalenberg, einem alten in Knittelverfen gefchriebenen Buche genommen, welches zu Augsburg durch Heinrich Stainer, ohne Benennung des Jahrs, gedruckt ift."

Der Schluß des Gedichtes wird a. a. O. Sp. 347f. fo angegeben:

„Das mach't das ich bin ungelert ‖ Vnd fich die kunft hat von mir kert ‖ Darumb ift mein gemüt fo fchwer, ‖ So redt Philip Franckfurter ‖ Zu Wien in der löblichen ftatt ‖ Der das zu reimen gemacht hat."

Auf diefe Angabe nimmt fpäter noch einmal v. d. Hagen Bezug und druckt fie wieder ab (vgl. Büfchings Wöchentliche Nachrichten für Freunde der Gefchichte, Kunft und Gelehrheit des Mittelalters II 1816 S. 85ff.).

Wir haben keinen Grund, an der Zuverläffigkeit der alten bibliographifchen Notiz vom Jahre 1752 zu zweifeln, zumal Ort und Druckerei der Ausgabe beftimmt verzeichnet wird und der Kalenberger fehr gut in den Kreis der Stainerfchen Verlagswerke hineinpaßt.

Es wäre demnach auch der Verluft diefer Kalenberger-Ausgabe mit fo vielen anderen zu beklagen. Meine zahlreichen Umfragen an den Bibliotheken des In- und Auslandes haben nirgends auf die Spur eines folchen Augsburger Druckes geführt.

No. VIII.

Die 4. Kalenberger-Ausgabe, welche auf uns gekommen, ift die in Frankfurt a. M. von Hermann Gülfferich im J. 1550 gedruckte. Der Wortlaut des Titels ift diefer:

Die Gefchichte ‖ des Pfarrherrs vom ‖ Kalenberg. ‖

Darunter Holzfchnitt (63 × 74 mm): der Kalenberger im Freien ftehend, hält in feiner linken Hand ein Gebetbuch im Buchbeutel, die rechte hat er ausgeftreckt. Im Hintergrund eine Burg und Wald. Unter dem Bild fteht das Druckjahr:

M. D. L. ‖

Blatt 1ᵇ leer. Auf Bl. 2ᵃ beginnt der Text:

Hett ich der Bücher viel gelefen / ‖ Das wer mir alfo not gewefen / ‖ (etc.).

Schluß des Gedichtes Bl. 46ᵇ 3. 27ff.:

Darumb ift mein gemüt fo fchwer ‖ So redt Philips Franckfurter ‖ Zu Wien in der Löblichen Stadt ‖ Der das zu Reimen gemacht hat. ‖ Ende. ‖

11

Blatt 47ᵃ oben und unten ein Ornament-Stock. Dazwischen steht die Unterschrift des Druckers:

Gedruckt zu ‖ Franckfurdt am .Maijn ‖ ‖ durch Herman Gülfferi-ſchen, in der Schnur-‖gaſſen zum ‖ Krug. ‖

Blatt 47ᵇ u. 48ᵃ ſind leer. Auf Bl. 48ᵇ das hübſche Druckerzeichen Gülfferichs (71 × 115 mm); vgl. Heiz, Frankfurter Drucker- u. Verlegerzeichen, Taf. XXXIII no. 24.

8°. 48 Blätter, ohne Blattzählung, mit Seitenkuſtoden u. den Signat. Aij—Fv. 6 Oktav-Bogen. Auf voller Seite 31 Zeilen. Kleine Textſchwabacher, 30 Zeilen = 108 mm. Im Titel der Schlußſchrift ſowie in den erſten Zeilen der Überſchriften größere Typenarten. Die Verſe ſind abgeſetzt und beginnen durchgehends mit Verſalbuchſtaben. Als Satzzeichen zumeiſt lange Komma, am Ende der Abſchnitte und Überſchriften Punkte. Die Anfangzeilen der Textabſätze öfters eingerückt.

Das Buch iſt mit 38 Holzſchnitten geziert. Es iſt die erſte Ausgabe, die ein Titelbild aufweiſt. Spätere Drucke haben ein ähnliches (vgl. no. XIII. XIV. XVI. XVIII). Die 37 Textilluſtrationen [1], handwerksmäßige Arbeiten, ſind frei nach einem verlorenen Vorbild geſtaltet, das mit dem Heidelberger Druck von 1490 (oben no. III, vgl. unſer Fakſimile Bl. b 2 verſo) die Darſtellung des waſchenden Kalenbergers gemeinſam hatte. Auch unſer Druck bildet hier die Herzogin zu Pferd ab im Widerſpruch zu der Überſchrift. Die Textbilder meſſen durchſchnittlich 62 × 41 mm, ſie ſtehen oft an anderer Stelle als in den vorhergehenden Drucken und zuweilen von ihren Überſchriften getrennt. Als weiteren Buchſchmuck hat unſere Ausgabe am Schluße 2 Zier-leiſten und das Signet Gülfferichs; am Anfang des Textes einen 4 Zeilen hohen einfachen Initial. Einen Neudruck in gleicher Ausſtattung veranſtaltete 1556 Gülfferichs Nachfolger, Weigand Han in Frankfurt (vgl. no. IX).

Unſere Ausgabe iſt zuerſt erwähnt von W. Wackernagel, der in ſeinem Leſebuch I (2. Aufl. 1839, Sp. 947 Proben daraus gab. Vgl. ferner Gödeke, Grundr. I (1. Aufl. 1859, S. 117 (in der 2. A. I S. 344 ſteht fälſchlich als Jahrzahl 1560!), Gräſſe, Tréſor IV S. 2, Weller, Annalen II S. 307 u. Repertorium no. 34, Dobertag, Narrenbuch S. 4, Ebe-ling, Kalenberger S. 15 u. 17 und W. Köppen a. a. O. S. 92.

2 Exemplare haben ſich erhalten: 1. Berlin, Kgl. Bibliothek (Xg. 3896) aus Meuſe-bachs Sammlung u. 2. Baſel, Univ.-Bibliothek (Schenkung Wilh. Wackernagel no. 325).

No. IX.

Eine Ausgabe des Kalenbergers, von der man bisher keine Kenntnis hatte, wurde in Frankfurt a. M. von Weigand Han im J. 1556 gedruckt. Ihr Titel lautet:

Die Geſchichte ‖ des Pfarrherrs vom ‖ Kalenberg. ‖

Darunter Holzſchnitt (63 × 74 mm): der Kalenberger, in der linken Hand ein Gebetbuch in einem Beutel tragend, die rechte Hand ausgeſtreckt. Das gleiche Bild wie in Gülferichs Drucke v. J. 1560 (no. VIII). Unter dem Holzſchnitt ſteht die Jahreszahl:

M · D · LVI · ‖

Bl. 1ᵇ leer. Auf Bl. 2ᵃ hebt das Gedicht an:

Hett ich der Bücher viel geleſen ‖ Das wer mir alſo not ge-weſen ‖ (etc.).

Schließt Bl. 46ᵇ Z. 27ff.:

Darumb iſt mein gemüt ſo ſchwer ‖ So redet Philips Franckfurdter ‖ Zu Wien in der Löblichen Stadt ‖ Der das zu Reimen gemacht hat. ‖ Ende. ‖

---

[1] Das Bild, welches in dieſem Druck auf Bl. 41ᵇ (3 verſo) ſteht, iſt abgebildet bei Könnecke, Bilderatlas S. 111, mit der falſchen Angabe, daß die Ausgabe vom J. 1560 ſei (vgl. no. X).

13

Bl. 47ᵃ steht zwischen 2 Zierstücken (Arabesk-Ornamenten) das Impressum:

Gedruckt zu ‖ Franckfurdt am .Maÿn/ ‖ Durch Weigandt Hahn/ ‖ in der Schnurgassen ‖ zum Krug. ‖

Bl. 47ᵇ u. 48ᵃ unbedruckt. Auf Bl. 48ᵇ das Buchdruckerzeichen (71 X 115 mm) wie in der Vorlage (no. VIII).

8°. 48 Blätter ohne Blattzahlen, mit Kustoden und Signat. Aij—Fv (statt Fv ist fälschlich Ev gesetzt). 6 Oktav-Bogen. Auf vollgedruckter Seite 31 Zeilen. Höhe des Satzes 114 mm. Kleine Schwabacher Texttype, größere Schriftarten im Titel, in der Subskription des Druckers und den ersten Zeilen der Überschriften. Die Verse sind abgesetzt, mit Versalbuchstaben beginnend. Als Interpunktion steht hauptsächlich langes Komma, am Ende der Überschriften und Textabschnitte Punkt.

Das Titelbild und die 37 Textillustrationen sind die gleichen, wie in der Vorlage, Gülfferichs Druck vom J. 1550 (no. VIII). Auch die Zierstücke und das Signet am Schluße des Buches und der Initial am Beginn des Textes (Bl. 2ᵃ) stammen aus Gülfferichs Vorräten. Weigand Han, der Drucker unserer Ausgabe, war nämlich der Stiefsohn Gülfferichs. Er setzte im Jahre 1555 dessen Geschäft fort und pflegte wie sein Vorgänger besonders den Volksbücherverlag. So veranstaltete er im J. 1556 außer neuen Auflagen der 7 weisen Meister, des Hug Schapler, des Tristan u. Paulis Schimpf u. Ernst auch einen Neudruck des Kalenbergers.

Unser Druck ist noch bei keinem Bibliographen verzeichnet. Auf seine Existenz wurde ich von dem verstorbenen Vizedirektor der Hofbibliothek in Wien, Dr. A. Göldlin von Tiefenau aufmerksam gemacht.

Das einzige Exemplar befindet sich in der k. k. Hofbibliothek zu Wien. Da diese „Seltenheit" nicht versendet wird, konnte ich das Buch nicht persönlich benutzen. Eine genaue Beschreibung desselben verdanke ich der Direktion der Wiener Hofbibliothek.

No. X.

Bei Gödeke, Grundriß Iᵃ S. 347 und von Könnecke, Bilderatlas zur Geschichte der deutschen Nationalliteratur (2. A.) S. 111 ist ein Kalenbergerdruck aufgeführt, welcher im Jahre 1560 zu Frankfurt am Mayn bei Hermann Gülfferich (48 Bl. 8°) herausgekommen sein soll. Könnecke gibt sogar eine Illustrationsprobe aus dem Buch, dessen Fundort aber nicht angegeben wird. Aber diese Ausgabe von 1560 hat nie existiert, weil Gülfferich bereits im Jahre 1554 gestorben ist. Es muß sich also um einen Druckfehler handeln und der Druck vom Jahre 1550 gemeint sein (oben no. VIII), den Gödeke in der 1. Auflage seines Grundrisses (1859 S. 117 auch richtig verzeichnet. Ich hebe dies nur deshalb hervor, weil ich weiß, wie sich solche kleine bibliographische Versehen ohne Nachprüfung immer weiter schleppen.

No. XI.

Auf eine verlorene Straßburger Ausgabe des Kalenbergers, die vielleicht zwischen die Jahre 1560—80 zu setzen ist, darf aus 2 in der Buchdruckerei Heitz-Straßburg aufbewahrten, aus altem Besitz dieser Firma stammenden Holzstöcken geschlossen werden, auf denen sich zwei zu dem Bilderkreis des Kalenbergers gehörige Darstellungen erhalten haben. Sie sind abgebildet bei P. Heitz, Originalabdruck von Formschneiderarbeiten (1894) Taf. CXXVII als no. 1 u. 2 und zeigen folgende Illustrationen: 1. Die Herzogin mit ihrem Gefolge wird von dem Pfarrer in seinem Dorfe Kalenberg empfangen. 2. Der Pfarrer von Kalenberg bestellt bei einem Drechsler in Wien eine Scheibe. Die entsprechenden Bilder stehen in dem alten Nürnberger Druck (oben no. II) auf Blatt 30ᵃ u. 43ᵇ (vgl. Bobertag, Narrenbuch S. 46 u. 64) und in unserem Faksimile des Heidelberger Druckes von 1490 auf Blatt 9ᵃ Sp. 2 und Bl. 13ᵃ Sp. 1. Nach keiner von diesen alten Darstellungen sind die beiden Straßburgischen Illustrationen kopiert, und ebensowenig stehen die verwandten Bilder der anderen erhaltenen Kalenbergdrucke mit ihnen in näherer Beziehung. Vielleicht sind die beiden Straßburger Bilder freie Nachschnitte nach dem in der verlorenen Grüningerschen Kalenberg-Ausgabe (vgl. oben

13

no. V) vorgelegenen Holzschnitten. Der Grüningerfche Druck wird auch die Vorlage für den Tert geliefert haben. Die Heinschen Stöcke erscheinen übrigens fo abgenutzt, daß fie leicht für mehrere Ausgaben der Kalenberg-Dichtung gedient haben können.

No. XII.

Nicht nachweisbar ift eine Ausgabe des Kalenbergers, die o. O. 1582 in 8° erschienen fein foll. Zum erften Male findet fie fich bei Lipenius, Bibliotheca realis philosophica (1682) II S. 939 Spalte 2 Zeile 16 folgendermaßen erwähnt: „Pfaff von Calenberge — — 8°. 1582." Nach Lipenius wird diefer angebliche Druck verzeichnet von Flögel, Gefch. der Hofnarren S. 252 und in K. J. Kochs Compendium II S. 317, jedesmal mit der falfchen Behauptung, daß die Ausgabe von 1582 ebenfo wie diejenige vom J. 1602 (vgl. no. XV) in Profa abgefaßt fei, was fchon v. d. Hagen, Narrenbuch S. 527 u. 541 mit Recht ablehnte. Letzterer hielt den Kalenberger-Druck von 1582 noch für den älteften; vgl. Hagen u. Büfching, Lit. Grundriß S. 337. Ohne erfichtlichen Grund, wahrfcheinlich aber aus Mißverftändnis der Notiz bei Lipenius (wo die beiden Striche vor der Jahreszahl foviel bedeuten wie ohne Orteangabe), fetzte Göbeke, Grundriß I (1859) S. 117 und ebenfo I² (1884) S. 344 als Erfcheinungsort der Ausgabe von 1582 Frankfurt an der Oder an. Ihm folgen Gräffe, Trefor IV S. 2, Weller, Repertorium no. 34 und Bobertag, Narrenbuch S. 4. Von Ebeling (Die Kalenberger S. 16) ift ganz richtig bemerkt worden, daß weder Flögel noch ein anderer nach ihm jenen Druck felbft gefehen habe und daß die Titelangabe einer unzuverläffigen Quelle entftamme. Und in der Tat entnahm Lipenius feine Büchertitel alten Frankfurter Meßkatalogen ohne jede Nachprüfung. Ob eine Ausgabe von 1582 wirklich exiftiert hat, muß alfo dahin geftellt bleiben. Ein Exemplar derfelben fcheint wenigftens nirgends mehr vorhanden zu fein.

No. XIII.

Die erfte Ausgabe, in welcher der Name Phil. Frankfurters am Schluß des Textes fortgelaffen wurde und die eine größere Lücke (Vers 599—632) aufweift, ift die im Jahre 1596 zu Frankfurt a. O. bei Friedrich Hartman erfchienene[1]. Der Wortlaut des Titels ift nachftehender:

Die Geschichte beß Pfarrherrß vom ‖ Kalenberg. ‖

Dann Holzfchnitt (60 × 81 mm): der Kalenberger, ein gefchloffenes Buch zwifchen beiden Händen haltend, fteht im Feld.

Nach dem Bild folgt der Druckvermerk:

Gedruckt zu Franckfurt an der ‖ Oder/ beÿ Friederich Hartman ‖ 1596. ‖

Bl. 1ᵇ unbedruckt. Auf Bl. 2ᵃ beginnt der Text:

HErr ich der Bücher viel gelefen ‖ Daß wer mir fo noth gewefen ‖ (etc.).

Schluß Bl. 44ᵇ Z. 2ff.:

Beÿ Gott empfahen in feim thron ‖ Darumb fo bitten Fraw vnd Man ‖ All die da leben hie gleich ‖ Alt vnd jung/ Arme vnd reich ‖ Daß wir beÿ Gott deß Himmelß Saal ‖ Befitzen/ vnd fprechen Amen all. ‖ ENDE ‖.

Darunter ein Zierftück.

¹) Die gleichen Merkmale zeigen in der Folge die Drucke: Magdeburg (ca. 1600), O.O. 1611 u. 1620 (no. XIV. XVI. XVIII). Zu derfelben Gruppe wird auch die verfchollene Ausgabe vom J. 1613 (no. XVII) gehört haben.

8°. 44 Blätter, ohne Zählung, mit Seitenkuſtod. und Signat. Aij—Cv, j. 'Sij iſt nicht geſetzt). 8°/₄ Bogen in Oktav. Auf voller Seite 27 Zeilen. Texttype Fraktur, 20 Zeilen = 87 mm. Im Titel und den Anfangszeilen der Überſchriften größere Typenarten. Verſe abgeſetzt, immer mit Verſalen beginnend. Satzzeichen fehlen faſt durchgehends, ſelten ein langes Komma oder Punkt.

In der Ausſtattung ſteht unſer Druck gegen ſeine Vorgänger ſehr zurück. Der rohe Titelholzſchnitt hat in den erhaltenen früheren Ausgaben kein genaues Vorbild. Wahrſcheinlich lieferte aber ein den beiden frankfurter Editionen (no. VIII. IX) verwandter Druck das Muſter. Die Textilluſtrationen der Vorlage ſind fortgelaſſen, aber die Überſchriften weiſen noch auf die Stellen der Bilder hin. Als mäßiger Buchſchmuck ſind die einfachen Jnitialen an den Textabſchnitten und der Druckerſtock am Ende des Buches anzuführen.

Dieſe Ausgabe erwähnt zuerſt C. J. Koch in ſeinem Compendium I (1795) S. 129 und nennt ſich als Beſitzer derſelben. Drei Jahre ſpäter befindet ſich der Druck in der Bibliothek von Klamer-Schmid in Halberſtadt (vgl. Koch II S. 317). Kurz notiert wird er ferner bei v. d. Hagen, Narrenbuch S. 522, v. d. Hagen u. Büſching, lit. Grundr. S. 367, von Gräſſe, Tréſor IV S. 2, Weller, Repertorium no. 34, Göcke, Grundr. I² S. 344 u. Eteling, Kahlenberger S. 17. Fehlt bei Dobertag, Narrenbuch S. ? u. Köppen a.a.O. S. 92.

Einziges nachweisbares Exemplar in der fürſtlich Stolbergiſchen Bibliothek zu Wernigerode (Pl 1082). Vielleicht iſt dies das Exemplar Klamer-Schmids, welches wenigſtens in Halberſtadt nicht mehr vorhanden iſt.

No. XIV.

Um das Jahr 1600 ließ der Buchdrucker Johann Böcher in Magdeburg einen Nachdruck des Kalenbergertextes nach der Ausgabe v. J. 1596 (no. XIII) ausgehen. Der Druck erſchien ohne Jahrzahl, iſt aber an den Beginn des 17. Jahrh. zu ſetzen¹) Der Titel iſt folgender:

Die Geſchich-te beß Pfarherrß vom ‖ Kalenberg. ‖

Darunter Holzſchnitt (59×80 mm): der Pfarrer im Feld, ein Gebetbuch zwiſchen den Händen haltend. Freie Kopie nach dem Titelbild des Druckes v. J. 1596. Dann folgt der Vermerk:

Gebruckt zu Magdeburgk bey ‖ Johan Böchern. ‖

Bl. 1ᵇ leer. Auf Bl. 2ᵃ hebt der Text an:

H Ett ich der Bücher viel geleſen ‖ Daß wer mir ſo noth geweſen ‖ (etc.).

Schluß Bl. 40ᵇ Z. 19 ff.

All die da leben hie gleich ‖ Alt vnd jung/ Arme vnd reich ‖ Daß wir bey Gott beß Himmelß Saal ‖ Beſitzen/ vnd ſprechen Amen all. ‖ ENDE. ‖

Darunter 2 Zierſtücke übereinander.

Das Nachwort Phil. Frankfurters fehlt ebenſo wie in der Vorlage. Die große Auslaſſung der Verſe 599—632 findet ſich gleichfalls; vgl. Bl. 13ᵇ Z. 13 (B v. verſo).

8°. 40 ungezählte Blätter mit Seitenkuſtoden und Signat. A ij — E v. 5 Oktavbogen. Auf voller Seite 27—28 Zeilen, von Blatt 34 an bei kleinerer Schrift 36 Zeilen. Texttype bis Bl. 33ᵇ Fraktur, 20 Z. = 91 mm; von Bl. 33ᵇ (letzter Abſatz) an kleine Schwabacher, 20 Z. =

¹) Böchers kleine Druckerei beſtand in Magdeburg ca. 1600—1607. Bekannt ſind ſeine Beziehungen zu dem Magdeburger Buchhändler Johann Francke (Jacobus Francem), dem Herausgeber der Meßrelationen. Für Gabriel Rollenhagen druckte B. im J. 1603 2 Ausgaben der „Indianiſchen Reiſen" (vgl. Goedeke, G. Rollenhagen S. 103 f.). Zuletzt finde ich Böchers Firma in dem Meßkatalog des Jahres 1607 (vgl. Schwetſchke, Codex nundinarius I S. 47).

70 mm. Im Titel und den Überschriften auch andere Schriftarten. Die Verse sind abgesetzt und beginnen stets mit Versalbuchstaben.

Interpunktion fehlt fast ganz, nur selten ist ein langes Komma oder Punkt gesetzt.

Die Ausstattung ist noch dürftiger, als in der Vorlage. Der Titelholzschnitt ist freie Kopie nach dem Druck v. J. 1596, doch ist in der Behandlung der Gewandung abgewichen. In unserem Druck ist hier die Schraffierung weiß auf schwarzem Untergrund. Textbilder sind nicht vorhanden. Nur ein 3 Zeilen hoher Initial am Anfang des Textes (Bl. 2ᵃ), und 2 Druckerstöcke am Textende dienen als Schmuck. Wie die Initialen an den Textabschnitten gespart wurden, so hat der Drucker auch aus Sparsamkeitsrücksichten den letzten Bogen in kleinerer Schrift gesetzt und damit gegen seine Vorlage 4 Blätter gewonnen.

Erwähnt ist unser Druck von Weller, Annalen II S. 307 und Repertorium no. 34. Er fehlt in der neueren Literatur, so bei Gräffe, Gödeke, Bobertag, Ebeling und Köppen. Der in bibliographischen Dingen ungemein leichtfertige Ebeling (Kahlenberger S. 31) suchte in unserer Ausgabe einen Druck des Peter Leu von Widman.

Einziges bekannt gewordenes Exemplar in der Fürstlich Stolbergischen Bibliothek zu Wernigerode (Pl 1081).

No. XV.

Die letzte Ausgabe, welche Phil. Frankfurters Schlußverse aufweist, erschien zu Augsburg bei Valentin Schönig 1602. Ihr Titel lautet:

Die Geschicht ‖ deß Pfarzherzß vom ‖ Kalenberg. ‖

Darunter Holzschnitt (73×84 mm): der Pfarrer trägt in der rechten Hand ein Gebetbuch in einem Buchbeutel, die linke hat er ausgestreckt. Im Hintergrund erscheint ein Schloß oder eine Stadt.

Anfang des Textes Bl. 1ᵇ:

Hett ich der Bücher vil gelesen/ ‖ Das wer mir nit so not gewesen. ‖ (etc.)

Der Schluß lautet Bl. 56ᵃ 3. 16 ff:

Deßhalb ist mein Gemüth so schwer/ ‖ Also red Philipp Franckfurter/ ‖ Zu Wien wol in der werden Statt. ‖ Der das zu Keÿmen gemacht hat. ‖ 1602. ‖

¶ Getruckt zu Augspurg/ ‖ durch Valentin Schönig/ auff/ ‖ vnser Frawen Thor. ‖

Darunter kleiner Druckerstock. Bl. 56ᵇ leer.

8°. 56 Blätter ohne Blattzahlen mit Seitenkustod. u. Signat. A ij — G v (wofür fälschlich I v gesetzt ist). 8 Bogen. 25 Zeilen auf voller Seite. Texttype Fraktur, 25 Zeilen = 112 mm. Im Titel und den ersten Zeilen der Überschriften größere Schriftarten. Verse abgesetzt, immer mit Versal beginnend; die zweite Zeile der Reimpaare stets eingerückt. Als Satzzeichen finden sich am Zeilenende langes Komma, Punkt und Fragezeichen. Vor den Überschriften steht in der Regel ¶. Am Beginn des Textes (Bl. 1ᵇ) findet sich ein drei Zeilen hoher Initial.

Unser Druck enthält 38 Holzschnitte. Das Titelbild (73×84 mm) geht auf eine Vorlage zurück, die auch für den Titelholzschnitt der beiden Frankfurter Drucke (no. VIII u. IX) benutzt wurde. Die 37 Textillustrationen (durchschnittlich 68×47 mm) sind handwerksmäßige Zeichnungen unter freier Benutzung der Bilder eines älteren verlorenen Druckes, welcher der Heidelberger Ausgabe v. J. 1490 (no. III) verwandt war.

Zum ersten Male begegnet diese Ausgabe im Katalog der Christschen Büchersammlung in Leipzig (Catal. Biblioth. Christii P. II S. 310 no. 7666). Danach wird sie erwähnt von Flögel, Hofnarren S. 252, Koch, Compendium II S. 317, v. d. Hagen, Narrenbuch S. 526,

v. d. Hagen u. Büsching, lit. Grundr. S. 357. Im Nov. 1849 erwarb K. Heyse das Buch, wahrscheinlich Christs Exemplar. Vgl. Heyse, Bücherschatz no. 1763, Gräffe, Trésor IV S. 2, Weller, Repertorium no. 34, Göbefe, Grundr. I° S. 344, Bobertag, Narrenbuch S. 4, Ebeling, Die Kahlenberger S. 17 und W. Köppen, a. a. C. S. 92.

Das einzige gerettete Exemplar (aus Heyses Besitz) befindet sich in der Königl. Bibliothek zu Berlin (Tg 3906).

No. XVI.

Im Jahre 1611 wurde Frankfurters Kalenbergtext zum ersten Male zusammen mit seinem Gegenstück, Widmans Histori Peter Lewen, des andern Kalenbergers, von einem ungenannten Drucker Mitteldeutschlands herausgegeben[1]. Der Titel dieses Druckes lautet folgendermaßen:

Die Geschichte | deß Pfarrherrs vom || Kalenberg. |

Darunter Holzschnitt (64×76 mm): der Pfarrer steht im Freien, die rechte Hand ausgestreckt, in der linken ein Gebetbuch in einem Buchbeutel tragend. Im Hintergrund links eine Burg, rechts Wald. Nachschnitt nach dem Titelbild eines den beiden Frankfurter Ausgaben (no. VIII u. IX) verwandten Druckes. Unter dem Holzschnitt heißt es:

Jetzo auffs newe mit der Histori Peter || Lewen / deß andern Kalen-berbergers / was er für | seltzame Abenthewr begangen / in || Reimweiß verfasset / gebessert. || (Strich) 1611. ||

Bl. 1ᵇ leer. Auf Bl. 2ᵃ beginnt unter einer schmalen Zierleiste der Text:

HEtt ich der Bücher viel gelesn / || Das were mir sehr noth gewesn / || (etc).

Der Text des Kalenbergers schließt ohne das Nachwort Phil. Frankfurters auf Bl. 46ᵇ Z. 3 ff.:

Beÿ Gott empfahen in seinem Thron/ || Darumb so bitten Fraw vnd Mann / || All die leben hie gleich / || Alt vnd Jung, Arme vnd Reich / || Daß wir beÿ Gott deß Himmels Saal / | Besitzen / vnd sprechen Amen all. || ENDE. |

Darunter Zierstück.

Von Bl. 47ᵃ an folgt Widmans Peter Leu mit diesem besonderen Titel:

Histori || Peter Lewen / || deß andern Kalenbergers / | was er für seltzame Abenthewr / | fürgehabt vnd begangen. | In Reimen ver-faßet/ durch || Achilles Jason Weidmann von Hall. || Im Truck vor nie außgangen. ||

Dann Holzschnitt (68×53 mm): Ein Priester, mit Brille auf der Nase, steht am Altar Messe lesend. Hinter ihm ein Sarg zwischen Kirchengeräten, seitwärts hinter einer Schranke 3 Männer. Unter dem Bild (Strich):

Im Jahr | 1611. |

Bl. 47ᵇ leer. Bl. 48ᵃ beginnt der Text:

Vorrede. ||

DIeweil der heydnisch Meister Cato/ || Seine Jünger lehret also: | (etc).

---

[1] Über weitere Ausgaben der in gleicher Art vereint gedruckten beiden Kalenberger vgl. no. XVII u. XVIII.

17

Schluß Bl. 84ᵃ Z. 13ff.:

> Gott woll ihm allzeit gnädig seyn / ‖ Vnd macht vns vnser Sünden
> frey. ‖ A.M.E.N. ‖

Darunter Schlußſtück. Das Nachwort Widmans iſt weggelaſſen (vgl. Bobertag, Narrenbuch
S. 140). Nach dem Druckerſtock folgt das Impreſſum:

Gedruckt im Jahr / ‖ (Strich) 1611. ‖

Bl. 84ᵇ leer.

8°. 84 ungez. Blätter mit Seitenkuſtod. und Signat. A ij — B v, L — L iij. 10¹/₂ Oktav-
bogen. Im Kalenberger ſtehen auf voller Seite 25—26 Zeilen, im Peter Leu 25—28 Zeilen.
Terttype Fraktur, 20 Zeilen = 95 mm. In den beiden Titelblättern, den Überſchriften und
Kopftiteln größere und kleinere Schriftarten. Verſe abgeſetzt, mit Verſal beginnend, im Peter
Leu iſt jedesmal der zweite Vers eingerückt. Als Interpunktion ſteht am Schluß der Vers-
zeilen vorwiegend langes Komma.

Nur zwei Holzſchnitte auf den beiden Titelblättern ſind vorhanden, der erſtere eine Kopie
nach einer unbekannten Kalenberger-Ausgabe. Die Terttilluſtrationen der Vorlage ſind fortgelaſſen aus Sparſamkeit, aber die Überſchriften deuten ſie an. Die dürftige Ausſtattung des
Buches zeigt ſich in einigen Zierleiſten u. Schlußvignetten. An den Tertabſchnitten ſtehen ein-
fache ſchwarze Initialen (3 Zeilen hoch).

Ein ſklaviſcher Nachdruck dieſer Ausgabe erſchien 1620 (vgl. no. XVIII), der vielleicht aus
dem gleichen Ort, aber nicht aus der nämlichen Preſſe hervorging. Möglicherweiſe bildete jedoch
die verlorene Auflage vom J. 1613 (no. XVII) das direkte Vorbild für no. XVIII.

Kurz erwähnt iſt dieſer Druck bei Ebert, bibliogr. Lexikon no. 11301 und darnach von
Gräſſe, Tréſor IV S. 2, Weller, Repertorium no. 34, Gödeke, Grundr. I² S. 344,
Bobertag, Narrenbuch S. 4, Ebeling, Die Kablenberger S. 17 und W. Köppen,
a. a. O. S. 92.

Das einzige bekannte Exemplar beſitzt die Kgl. öffentl. Bibliothek zu Dresden (in dem
Sammelband Mſc. Dresd. g. 179).

No. XVII.

Eine verſchollene Ausgabe, in welcher die Geſchichte des Pfaffen von Kalenberg und
Hiſtory Peter Lewen, des andern Kalenbergers, in Reimen durch Achilles Jaſon Widmann
vereint waren, erſchien im Jahre 1613 in 8° ohne Ortsangabe. Flögel (Geſch. der
Hofnarren. 1789 S. 252) führt ſie zuerſt an und berichtet, ein Exemplar dieſes Druckes habe
ſich ehemals in der Akademiebibliothek zu Liegnitz befunden, ſei aber mit andern Büchern,
von denen ſich noch ein Verzeichnis in dieſer Bibliothek befinde, bei der Plünderung im J. 1639
weggekommen. Auf Flögel gehen die kurzen Notizen zurück, die ſich über die Ausgabe von
1613 in E. J. Kochs Kompendium (1798) II 317, bei H. H. v. d. Hagen, Narrenbuch S. 527,
v. d. Hagen u. Büſching, Lit. Grundriß S. 357, Weller, Repertorium no. 34 und
Annalen II S. 307, Gödeke, Grundriß I² S. 344, Bobertag, Narrenbuch S. 4 und bei
Ebeling, Die Kablenberger S. 17 vorfinden.

Eine Verwechſelung mit der Kalenbergerausgabe von 1611 (no. XVI) iſt ausgeſchloſſen, da ſich
der verſchollene Druck (nach gütiger Mitteilung des Herrn Oberlehrer Dr. H. Mau in
Liegnitz) in 2 Katalogen der Akademiebibliothek mit dem Druckjahr 1613 verzeichnet findet.
Das Buch ſelbſt iſt weder in der Bibliothek der Königl. Ritter-Akademie noch in der Petro-
Paulinischen Kirchenbibliothek zu Liegnitz vorhanden. Meine Nachforſchungen an zahlreichen
andern Bücherſammlungen waren ebenfalls vergeblich.

Ob dieſer Druck eine neue Auflage von no. XVI war, aus gleicher Offizin, oder ein Nachdruck derſelben wie no. XVIII, muß natürlich unentſchieden bleiben.

Die letzte alte Ausgabe des Kalenbergers erschien o. O. u. Dr. im Jahre 1620 zusammen mit Widmans History Peter Lewen. Sie ist ein sklavischer Nachdruck der Ausgabe des Jahres 1611 (no. XVI). Der Titel lautet:

Die Geschichte | deß Pfarrherrs vom | Kalenberg. ‖

Darunter Holzschnitt (65×76 mm): der Pfarrer mit Gebetbuch; im Hintergrund Burg und Wald. Es ist eine genaue Kopie des Titelbildes der Ausgabe von 1611, aber nicht, wie es auf den ersten Blick scheint, ein Abdruck des gleichen Stockes. Unter dem Holzschnitt steht:

Jetzo auffs newe mit der History Peter ‖ Lewen / deß andern Kalenbergers / waß er für ‖ seltzame Abenthewer begangen / in Reimsweiß verfasset / gebessert. ‖

Darunter: (Strich)

Im M.DC.XX Jahr. ‖

Bl. 1ᵇ leer. Auf Bl. 2ᵃ unter einer Zierleiste beginnt der Text:

Hett ich der Bücher viel gelesen/ ‖ Daß were mir sehr noth gewesen / ‖ (etc.).

Der Kalenberger schließt Bl. 46ᵇ Z. 7ff. wie der Druck v. J. 1611 ohne die Schlußverse Frankfurters:

Daß wir bey Gott des Himmels Saal / ‖ Besitzn / vnd sprechen Amen all. | E.N.D.E. ‖

Darunter Zierstück, ähnlich wie 1611.

Bl. 47ᵃ folgt Widmans Peter Leu mit dem folgenden besonderen Titel:

History ‖ Peter Lewen/ ‖ des andern Kalenbergers / ‖ waß er für seltzam Abendthewr ‖ für gehabt vnd begangen. ‖ In Reimen verfasset / durch ‖ Achilles Jason Weidmann ‖ von Hall. ‖ Im Truck vor nie außgangen. ‖

Darunter Holzschnitt (70×55 mm): Priester am Altar Messe lesend; hinter ihm ein Sarg. Sklavischer Nachschnitt nach dem Bild der Ausgabe von 1611. Darunter:

Im Jahr / 1620. ‖

Blatt 47ᵇ leer. Bl. 48ᵃ:

Vorrede. |

Dieweil der Heydnisch Meister Cato/ ‖ Seine Jünger lehret also / ‖ (etc.)

Schluß Bl. 84ᵃ Z. 13 ff.:

Gott wolle jhm allzeit gnädig seyn/ ‖ Vnd mach vns vnser Sünden frey |. A.M.E.N. ‖

Darunter Zierstück wie oben am Schluß des Kalenbergers. Dann:

Gedruckt im Jahr. ‖ (Strich) M.DC.XX. ‖

Bl. 84ᵇ leer.

8°. 84 ungez. Blätter mit Seitenkust. und Signaturen A ij — X v, L — L iij. Es sind

10¹/₂ Oktavbogen. Auf voller Seite stehen im Kalenberger 25—26 Zeilen, im Peter Leu 25—28 Zeilen. Die Textschrift ist Fraktur, 20 Zeilen = 92 mm. In den beiden Titelblättern, den Kopftiteln u. Überschriften andere Schriftarten.

Als Interpunktion steht am Zeilenschluß vorwiegend langes Komma. Die Verse sind abgesetzt, jede Zeile mit Versal beginnend. Im Peter Leu ist jeder zweite Vers der Reimpaare eingerückt.

Die beiden Holzschnitte auf den 2 Titelblättern des Buches sind genau nach den Bildern der Vorlage, der Ausgabe vom J. 1611, kopiert. Wie in dieser fehlen auch hier alle Textillustrationen, obschon die Überschriften auf sie hinweisen. Als dürftiger Buchschmuck finden sich ein paar Zierleisten und Schlußstücke, sowie eine Anzahl einfacher Initialen an den Textabschnitten.

Den Text dieser schlechten Ausgabe des Kalenbergers und des Peter Leu hat v. d. Hagen, Narrenbuch (1811) S. 269—422 in modernisierter Form veröffentlicht. Der Abdruck ist willkürlich und kritiklos gemacht; die charakteristischen Überschriften sind weggelassen. Einen Auszug des Textes bietet die Schrift: Der Pfarrer von Kalenberg oder der geistliche Eulenspiegel. Leipzig 1840 u. 1848. Auch Ebeling, Die Kahlenberger legt diesen späten Text seiner närrischen Edition (1890) zugrunde, obwohl er vorgibt, unbekannte Drucke für beide Werke benutzt zu haben (vgl. oben no. IV).

Flögel hat diese Ausgabe von 1620 (Hofnarren S. 252 ff.) zuerst erwähnt und Proben aus ihm mitgeteilt. Vgl. ferner Koch, Kompendium II S. 317, v. d. Hagen, Narrenbuch S. 828, v. d. Hagen u. Büsching, Lit. Grundr. S. 357, Ebert, bibliogr. Lexikon no. 11301, Gräſſe, Trésor IV S. 2, Weller, Annalen II S. 307 u. Repertorium no 34, Göedeke, Grundriß I² S. 344, Doberrag, Narrenbuch S. 4, Ebeling, Die Kahlenberger S. 18 und W. Köppen a. a. O. S. 92.

2 Exemplare dieses Druckes haben sich erhalten: 1. Dresden, Kgl. öffentl. Bibliothek (Lit. germ. rec. D. 356) und 2. Wolfenbüttel, Herzogl. Bibliothek. Das Dresdener Exemplar wurde 1818 von einem Herrn von Zehmen geschenkt. Auf dem Titelblatt des Kalenbergers hat ein früherer Besitzer einen Vermerk über den Erwerb des Buches eingetragen: „13. Sept. 1660 Lipsiae 8 g."

Aus vorstehendem Verzeichnis ist ersichtlich, daß die Überlieferung des oberdeutschen Kalenbergerbuches eine verhältnismäßig reiche genannt werden darf. In dem Zeitraum von ca. 1473—1620 erschien das beliebte Werk in mindestens 16 Auflagen (2 stellten sich als apokryph heraus), von denen 6 gänzlich verloren gingen und nur 10 sich erhalten haben. Im ganzen wurden 12 Exemplare (davon 2 defekt) der zehn oberdeutschen Drucke gerettet, die sich auf 9 Bibliotheken verteilen¹). Dies sind insgesamt Seltenheiten ersten Ranges und fast alle nur in Einzelexemplaren bekannt²). Ausnahmen bilden die Ausgaben von 1550 (no. VIII) und 1620 (no. XVIII), von denen je 2 Exemplare erhalten blieben.

Von diesen auf uns gekommenen 10 verschiedenen Kalenbergerdrucken gingen 4 aus süddeutschen Pressen hervor, 2 aus Augsburg (no. I u. XV) und je 1 aus Nürnberg und Heidelberg (no. II u. III). Zu verschollenen Ausgaben kämen noch hinzu 2 Straßburger und 1 Augsburger (vgl. no. V, XI u. VII). Aus Mitteldeutschland stammen 4, nämlich 2 von Frankfurt a. M. (no. VIII, IX) und ferner vermutlich die Drucke o. O. 1611 u. 1620 (no. XVI u. XVIII). Hierzu gehörte dann noch die verlorene Edition von 1613 (no. XVII). Norddeutschland lieferte an oberdeutschen Kalenbergerdrucken nur 2, nämlich 1 aus Frankfurt a. Oder (no. XII) und 1 aus Magdeburg (no. XIV). Über den niederdeutschen Lübecker Druck vgl. unten.

Bemerkenswert ist es, daß keine einzige Ausgabe in Österreich, dem Entstehungslande des Buches herauskam. Die auffällige Erscheinung findet aber ihre Erklärung, wenn man das verhältnismäßig späte Auftreten der Typographie in Wien bedenkt und sich die Leistungen der

¹) Basel 1, Berlin 2, Darmstadt 1, Dresden 2 Hamburg 1 (def.), München 1 (fragm.), Wernigerode 2, Wien 1 und Wolfenbüttel 1.

²) Schon Fugger in seinem Ehrenspiegel (S. 317) sagt daß zu seiner Zeit (ca. 1550) das Kalenbergerbuch nicht mehr aufzutreiben sei. Ebenso G. A. von Ziegler, Histor. Labyrinth 1701 S. 697.

älteſten Wiener Druckereien anſieht, welche eine abſichtliche Vernachläſſigung der populären Literatur aufweiſen.

Die älteſte überlieferte Textgeſtalt des Kalenbergers liegt vor in dem zu Augsburg ca. 1473 erſchienenen Druck (no. 1). Der Umſtand, daß der Verleger des Buches, Jodocus Pflanzmann, „fürſprech des geiſtlichen gerichtes" in Augsburg war, zeigt uns deutlich das Intereſſe, welches man auch in klerikalen Kreiſen den Schalkſtreichen des Kalenberger Pfaffen entgegenbrachte. Mit Humor ließ man ſich die komiſche Figur des Landgeiſtlichen gefallen.

Möglicherweiſe hat Pflanzmann, der ſeit 1466 als Augsburger Anwalt nachweisbar iſt, ſeine erſten Verſuche im Buchdruck, welchen er von ca. 1472—80 ausübte, an unſerem Kalenbergerbüchlein gemacht, das in Ausſtattung und Druckrechnik hinter ſeiner Bibelausgabe zurückſteht [1].

Leider iſt nur ein kleines Stück des Pflanzmannſchen Kalenbergerdruckes erhalten. Vermutlich wäre dieſe Ausgabe, wenn vollſtändig vorhanden, für die Textgeſchichte unſeres Gedichtes von beſonderer Bedeutung geweſen, weil ſie einen einfachen und guten Text darbietet, der ſcheinbar viele Fehler und Auslaſſungen der (von ihm unabhängigen) ſpäteren Drucke noch nicht aufwies.

Um eine richtige Beurteilung des älteſten überlieferten Kalenbergertextes zu ermöglichen, gebe ich im folgenden einen Abdruck des alten Augsburger Druckfragmentes, welches unſtreitig eine Veröffentlichung verdient. Die Verszahlen ſind nach Bobertags Ausgabe beigefügt [2].

[Blatt g 1ᵃ]   Hy reit der fu[r]ſt an das geiayt vñ d[e]r
    pfarher hinten nach vnd dy fraw rayt
    zn(!) dem pfarher
           [Holzſchnitt]

(Vers 1733)   das er es alles vberſach
    wol zu dem pfarher ſie do ſprach
  1735 her pfarher ſeit vns willigkumb
    Do ſag er vber dy achſel vmb
    Got danck euch günd der pfarher iehñ
    gnad fraw ich hab euch vberſehñ
    Dy fraw ſprach vnd lacht in an
  1740 ir ſe[i]t ein ſelzam hofman
    Genad fraw das laſt vnterwegen
    ich hab der hofweis nit vil gepflegen
    ich kan auch do nit vil d[a]rzue
[Blatt g 1ᵇ] ich weiß ob ich im recht thu
  1745 Dy fraw ſprach ſeit on allñ wan
    ir habt im faſt wol recht gethan
    das wöllñ wir für ein warhait iehen

---

[1] Der einzige datierte Druck Pflanzmanns erſchien 1475 (Rabbi Samuel deutſch). Sein Bibeldruck, die 5. deutſche Bibel, kam ungefähr 2 Jahre früher heraus. Die hierin ausgelaſſenen Titel des Pſalters lieferte er nachträglich ſeparat, und zwar mit Angabe ſeiner Druckerei, aber ohne Jahresbezeichnung.

[2] In Klammern ſetze ich die im Original nicht mehr ſichtbaren Buchſtaben, die entweder im Druck aus mangelhafter Technik nicht gekommen ſind oder durch Beſchädigung der abgelöſten Blätter ꝛc. verloren gingen (vgl. oben no. 1). Man beachte das Schwanken in der Orthographie. Zu bemerken iſt, daß über w und y in der Regel 2 Punkte ſtehen.

21

wir habn̄ voꝛ nit vil geſehn̄
der h[oſ]weis der ir pflegen thut
[750 Sie hetten all freud vnd mut
wol mit dem pfarher an dem iaid
do er aūf dem miſtwagen raid
Doꝛnach dy ʒeit nit lang vergieng
das man do bald ein wild vieng
[755 recht als der fürſt hett begert
doꝛnach er wider haymi do kert
vn̄ hetten all der freūdn̄ vil
vn̄ mit dem pfarher do ir ſpil
Der herczog ſpꝛach es ſol euch frumen
[760 das ir miꝛ ſeit gen hof kommen
ſo ſpꝛach der herczog an haß
der pfarheꝛ wideꝛ auf ſaß
vnd nam do vꝛlaub von hof
noch im do was ein gꝛoſſeꝛ lof
[765 do er alſo hin haym rait
[Blatt g 11a] ſein hofweis wart im do nit layd
Doꝛnach nit lang do fügt es ſich
vier dyner des fürſten ſicherlich
dy het der fürſt geſendet aus
[770 ſie komen in des pfarherſi haus
ſy thetens als wol betrachten
ſy wölten bey dem pfarheꝛ nachten
Bey vinſter nacht komen ſy dar
der pfarher nam ir aller war
[775 vnd bot in allen gꝛoſſe ere
vn̄ ſpꝛach von wannen kompt ir her
Sy ſpꝛachn̄ ʒu im all ʒühant
der herczog hat vns aus geſſ[a]nt
in ſeinem dinſt ſein̄ wir geſ[aren]
[780 das vns dy pferd müt ſein̄ w[a]r[e]n
des wölln̄ wir heint bei eūch bl[e]ibn̄
vnd diſe nacht mit euch vertreibn̄
Er pflag ir mi[t eſſen] vnd trinckn̄
. . . . .¹) . [ſy]offt wincken

---

¹) Jm Original ganz abgerieben.

1785 . . . . [de]r beſt wein

. . . . [n]un tragt herein

. . . . trinckñ vo[l]

[Blatt g IIᵇ] wir wöllen es beczalñ wol

als mit vnſerm leib vnd gut

1790 Der pfarher ſpiach habt guten mut

was euch geſelt das libet mir

er ſpiach ir herin ich ſchir

hin zum pet wil ſchlaffen gan

wañ ich mus moigen frŭe auff ſtan

1795 vn[d] ſiczt ir do wy lang ir wölt

ewi perſtat iſt euch ſchon beſtelt

Sy ſpiachñ ir dŭrfft ſein nit rŭchen

wir wiſſen es als wol zu ſŭchen

Sy trnncken(!) do wol die halbe nacht

1800 der pfarher im alſo gedacht

wy er ſie wölt machñ zŭ thoien

er weſt wol das ſie vol woiten

ſie gingen do in voller weis

hin czum pet der pfarhei leis

1805 ſchleic[h] in als hinten nach

alles ir thuñ er hoit vñ ſach

der ayn redt ſŭß dei andei ſawi

ayner der legt ſich zu der maŭ[r]

der ander leg[t] ſich voinen an [das pet]

[Bl. g IIIᵃ] 1810 alſo auch ein yder thet

ſie ſchlieſſen [d]o wol auf der [fart]

Der pfarher ſich nit lenger ſpart

ayn ha[nt] vol w[e]inhepf er do n[a]m

do mi[t er] zu den petten kam

   C ᚼy kŭmpt der pfarher zu den petten

vnd legt in hepfen fŭr dy arßlocher vn

ter dy hŭlen

[Holzſchnitt]

1815 als er e[s] hett gedichtet doch

er legt ins fŭi dy arßl[o]ch

vnter die [h]ŭle der lei[l]achen

. . . . . [b]ald von dannen mac[h]en]

. . . .

1820 . . . . '

Nun hett der pfaiher selb doiyn
wol in dem p[f]arhof vier rüssin
dy stelt er an der pferd stat
vnd ging so schnell also trat

1825 der p[f]arher fmm(!) vnd also bider
hin zu dem pett vnd legt sich nyder
Der ein hofman sich so vast reckt
do mit er sein gesellen weckt
der bei im an dem bett was

1830 er sprach wy ist das bett so nas
Ey wy wisku(!) so vngewissen
ich mayn du hast in das pett geschissen
das ist vns allen do ein schand
er nam im do sein selber hand

1835 den dreck er do selber auf hebt
das er im an den vingeren klebt
er sprach gee dich der riet an
du hast es werlich selbs gethan
[si]e theten vmb den dreck do krigen

1840 [rech]t als das kind in der w[ig]en
. . . .
. . . .')

Was sol [i]ch lenger do von sagen
dy anderen zwen dy dennocht lagen

1845 [den] was gleich als d[i]sen zwain
ein grosser dreck vnd auch nit klain
der lag bei in an dem pett
der ayn sprach vmb ein pfünt ich wett
das du d[i]ch hy beschissen hast

1850 ey zwar du bist ain rayner gast
man sol dich gern zu haus bitten
Der ander sprach geb dir den ritten
wy kanstu dich sölicher boßhait fleissen
das du thüst in das bett scheissen

1855 vnd thüst es do ein andern zeihn
wir müssen all mit schanden weihn

---

¹) 2 Verse fehlen.
²) Verse 1841—42 fehlen.

aus difem haus als ich do fpůr
wólt got wó: ich vo: der thů:
das ich feß aůff dem roß mein
1860   de: te[u]fel p:echt mich nit herein
. . . . [pfarh]e:s haus
. . . .
. . . .
. . . .*)

[Bl. g IVᵇ] 1865 Liben gefellen legt euch bald an
vnd laft vns bald reiten do: van
ee das de: tag auf gee
vnd der pfarhe: nit auf ftee
weñ er zu vns herein kem
1870   den gefchmack er gar bald vernem
vnd b:echt vns all in fpot
nun laft vns eylen durch got
Sy warrñ (!) all fchir berait
dem pfarher wart genad gefait
1875   von feinen geften wol befchiffen
ir kayner thet als ers wolt wiffen
fie gingen do all vier zuhant
do yder feinen fatel vant
vnd legten fie auf dy rüffin
1880   alfo riten fie bald von hin
do fie nun auf den weg kamen
vnd fie den tag vernamen
das einer den andern an mócht [feh]ñ
. . . .
1885   . . . .
. . . .*)

[Bl. g Vᵃ] Sie theten mit einander kriegen
das einer hies den anderñ liegen

¶ Hie riten dy vier gefellen auf den rů:
fin vnd der hinter zaigt auf dy vó:derñ

[Holzfchnitt]

Du haft dem pfarher fein ros geftolen

---

*) De:s 1862—64 fehlen.
*) Die 3 Verfe 1884—86 weggefchnitten.

1890 zwar es pleibt doch nit vnuerholen
er wirt es fagen in aller welt
fie riten hin ober das felt
der ayn kert fich vmb nach der feiten
liben gefellen nun thut pe[i]ten
1895 vnd laft fe[h]en difen li]ft
[das keiner] . . . .
. . . .
. . . .')

[Bl. g V^b] das wir das pett befchiffen haben
1900 vnd auff difen merhen traben
wir müffens alfo laffen farn̄
dy ros habn̄ wir verlorn̄
wir thūrten nit hin wider kern̄
vnfer groffe fchand würd fich mern̄
1905 Vber das feld fie do hin triben
dem pfarher do dy ro[ß] beliben
fie torften nimants do von fagen
den fchaden mnften(!) fie allain tragn̄
Ayns mals nach öfterlicher z[ei]t
1910 als gewonhait ift der kriftenhait
fo das man mit dem kreūtze fingt
[v]nd das es auf zu got erklingt
des achtent weder rieß nach(!) zwerg
Der pfarher von dem kalenberg
1915 der f[o]lt auch mit de[m] kreūcze gan
do het er w[eder] pa[ner] nach fan
do mit er a[uf] . . . . . [g]ling
. . . .')
(Überfchrift fehlt)
(Holzfchnitt)

[Bl. g VI^a]

Do d[a]s dy pauren an fahen
1920 zu dem pfarher fie do [f]ahen
vnd fprachen herr es ift nit gut
das ir vns alfo fchamen thut
mit difen dingen vngefchlacht
Der pfarher hub an vnd lacht

---

¹) Derfe 1895—96 faft ganz zerftört, Ders 1897—98 fehlen vollftändig.
²) Ein Ders und die Überfchrift zu dem nachfolgenden Bild fehlt (3 Zeilen).

26

1925   Er ſprach es iſt des t[e]ufels ſcheütz
         wir arm leut tragen armes kre[ů]tz
         ſe[i]t ir nit anders wölt kauffen
         ſo můſt ir nach der bzüch la[u]ff[en]
         D[e]r z[. . .]ſter [vnd] . . . . .
1930   . . . .
         . . . .
         . . . . .¹)

[Bl. g VIᵃ] [d]as wöllen wir als wen[d]en gerñ
         [d]as wir nůr diſer ſchand entperñ
1935   [E]r ſprach was ich euch ſagen ſol
         [da]s wiſt ir ſelber wol
         [d]a[s d]y kirchen iſt [alſo] arm
         [i]ch ſich auch nimant [d]em es erpa[r]m
         we[d]er mit opfer nach [m]it ſtewz
1940   [g]otes gnad dy wirt euch rewz
         [d]as ir nit wölt habñ flei[s]
         [da]s ir bey got den höchſten p[reis]
         [ve]rdi[n]ent vnd den höchſten lan
         [Sie ſp]achen herz laſt [nu]r do von
1945   [das] wollen wir ymer ůmb euch verdy[en]
         [d]y pauren gingē hin gen wye[n]
         [der] richtez vnd dy gantz gemain
         [die] wurden do bald über ayn
         [vnd k]aufften an der ſtund
1950   [ein new]en fañ ůmb zehñ pfund
         . . . . . [k]irchen . . . .
         . . . .
         . . . .
         . . . . .²)

[Bl. g VIIᵃ] 1955 vnd gingen zu dem pfarhez eyn
         der hies ſie gotwilkumen ſein
         er [ſprach] von wañ kompt ir alſo
         Sy ſprachen h[e]rr mir(!) pzingen do
         ein meßgewant vnd einen fañ

¹) Vers 1929 faſt ganz zerſtört. Vers 1930—32 fehlen ganz.
²) Vers 1961 faſt ganz abgeriebrn, die Verſe 1952—54 fehlen. Die ganze Seite g VIᵇ iſt am äußeren Rande ſo ſchädigt.

1960 do mir mir (!) auff [d]en kirichtag gan
das nur dy brůch do heimmen bleib
Der pfarher ſich do von yn reyb
er lacht mir [gan]czer kraft
er ſprach das [iſt] meyſterſchaft

1965 dorzu wil ich euch ſagen mer
ir habt ſein y[m]mer lob vnd er
das ir dy kirchen a[l]ſo cziert
do mir auch go[t] gel[o]bt wirt
darůmb la[ſt] euchs nit verdriſſen

1970 ir werd ſein an der ſ[e]l genieſſen
alſo macht er dy pauren zam
das ſie im warten g[e]horſam
vnd hetten in do all holt
ſie theten als das er wolt

1975 Nůn hŏr[t] fůrbas einen liſt
der noch an manigē enden iſt
[Bl. g VIIᵇ] [ſo] das dy parwen haben viech
[b]aide gehaym vñ auch ſchiech
[v]nd habñ kayñ hirten n[i]t

1980 [ſo] haben ſy dañ eiñ ſit
[da]s ſie zu wechſel halten gar
[v]on haus czu haus das gantz iar
[c]zu kalenberg der richter
[v]nd dy gantz gemain do on gefer

1985 [die] hetten do auch dy gewonhayt
[do] von ich euch vor hab geſayt
[mi]t irem viech von haus zu haus
[all] tag muſt ayner treiben aus
[do mi]t hetten ſy groſſe můe

1990 [nu]n hett der pfarher auch vil kůe
[als] im zu ſeinem nutz wol zam
[das] halten auch do an in kam
[do] ſaget im der richter zu
[da]ß er des auderiñ (!) morgen frů

1995 [da]s viech ſolt treiben an das veld
[ob]er gewůn ayn vmb das gelt
[vn]d der das viech trib an dy wayd

28

[na]ch ir alten gewonhait')

Der pfarher spꝛach ich thu es gerñ
2000 feit ir doch fein nit wölt enperñ
so wil ich moꝛgen frü auf ſtan
so folt ir zu der meß gan
darnach wil ich das viech auß treibñ
felt ich nit öbeꝛ mag bleibñ
2005 Vnd was er hett in feinem ſyñ
das faget eꝛ der kelneriñ
er fpꝛach nun richt dich moꝛgen zu
das dũ auf ſteſt alfo frü
ich mus moꝛgen ein halte[r] fein
2010 fo treib das viech hin ane voꝛ mein
fo wil ich hinten nach gan
ein meßgewant wil ich legen an
D[e]s m[o]ꝛgens er dꝛ meß volbꝛacht
doꝛnach als er im hett gedacht.
2015 dꝛ kelnerin das v[ie]ch aus treꝛb
der pfarheꝛ do nit lang beleꝛb
er gieng in feinem meßgewant
gaꝛſſ[e]l vñ kolben nam er iñ dꝛ hant
eꝛn glöcklin er auch an fich hing
2020 do mit eꝛ hinten nach ging
vnd fang mit lauter ſtim alfus
ego fum paſtoꝛ bonus
das fpꝛicht zu teutfch on als gefeꝛ
ich bin ein guter halter
2025 Dꝛ pawꝛen hoꝛten in do fingen
vnd auch do mit dꝛe glocken klingen
fie lieffen an dꝛ gaffen fieder
vnd fiellen auf dꝛ knꝛe all nꝛder
vnd reckten do all auf ir hent
2030 fie dochten eꝛ trüg das facrament

(| ⸌Hꝛ treibt der pfarher das viech ans(!)
in dem meßgewant vñ die kelnerin get
voꝛ im
[Holzſchnit]
2031 Hin nach dem vich do was im iach
_____
') Der linke Rand der Seite g VIIᵇ iſt beſchädigt.

29

Vergleicht man den vorstehenden alten Text des Kalenbergers mit den späteren Drucken des Gedichtes, so zeigt sich deutlich, daß dieser Text nicht die direkte Vorlage für die nachfolgenden Ausgaben gewesen ist. Deren Quelle war vielmehr ein verlorener Druck, welcher mit dem ältesten Augsburger auf die gleiche Grundlage zurückging.

Den Beweis für die Zusammengehörigkeit der übrigen getretenen Ausgaben (no. II, III, VI, VIII, IX, XIII—XVI u. XVIII) liefern die Lesarten der Verse 1747, 1760, 1800, 1822, 1871, 1902, 1908, 1922, 1936, 1967 u. 2026 (vgl. Bobertags Text mit obigem Abdruck des alten Fragments). Hier stimmen alle späteren Ausgaben im wesentlichen überein im Gegensatz zu dem Pflanzmannschen Druck.

Deutlich stehen die beiden gleichaltrigen Inkunabeldrucke des Kalenbergers, die Nürnberger und Heidelberger Ausgabe (no. II. III), in näherer Beziehung, was aus gemeinsamen Fehlern hervorgeht. Keine von diesen ist jedoch ein Nachdruck der andern.

Der Knoblochzersche Text geht vielleicht auf eine verlorene Straßburger Kalenberger-Edition des gleichen Druckers zurück[1]). Der Heidelberger Druck steht in manchen Einzelheiten (z. B. auch den Überschriften) der alten Pflanzmannschen Ausgabe näher, als die Nürnberger Edition. Aber Knoblochzer behandelt den Text unserer Dichtung willkürlicher, ändert die ihm unverständlichen Ausdrücke und läßt hier und da einige Zeilen aus (z. B. fehlt Bobertag Vers 1945 f. und am Schluß Vers 2143—56).

Die Grundlage für die Drucke des 16. und 17. Jahrhunderts bildete eine verschollene Ausgabe, welche der Heidelberger nahe stand, vielleicht Knoblochzers Straßburger Vorlage. Als besonderes Merkmal hatte sie eine abweichende Darstellung des waschenden Pfarrers (vgl. unser Faksimile Bl. b2ᵇ), die zu der vorgesetzten Überschrift in Widerspruch stand. In diesem Punkte folgen die späteren Drucke (no. VIII. IX. XV) ihrem Vorbild in Übereinstimmung mit der Heidelberger Edition. Das Gleiche haben wir für den verlorenen Druck vorauszusetzen, welcher die Quelle der jüngsten Kalenberger-Ausgaben war.

Die Texte des 16. u. 17. Jahrhunderts teilen sich deutlich in 2 Gruppen.

Die erste Gruppe umfaßt folgende 4 Ausgaben:

1. Die gedruckte Vorlage der V. Hülfschen Abschrift vom Jahre 1526 (n. VI).
2. Die Gülfferichsche Ausgabe Frankfurt a. M. 1550 (no. VIII).
3. Der Druck von Weigand Han in Frankfurt a. M. 1556 (no. IX).
4. Die Augsburger Edition des Val. Schönig v. J. 1602 (no. XV).

Aus gemeinsamer Quelle scheinen die beiden ersten dieser Reihe herzustammen. No. IX ist ein Nachdruck von no. VIII, aus der gleichen Offizin „zum Krug" in Frankfurt a. M. hervorgegangen. Der Augsburger Druck v. J. 1602, der den Text ziemlich frei gestaltet und sich viele kleine Änderungen erlaubt, wird vermutlich auf den verlorenen Augsburger Druck Heinr. Stainers (ca. 1540 vgl. no. VII) zurückzuführen sein. Alle zu dieser Gruppe gehörigen Ausgaben haben Textillustrationen u. Titelbild, wie auch für die vernichtete Vorlage von no. VI sowie für no. V. VII. u. XI, die verschollenen Drucke, Geltung hat.

Von der zweiten Gruppe haben sich 4 Drucke erhalten:

1. Frankfurt an der Oder, Friedr. Hartman 1596 (no. XIII).
2. Magdeburg, Joh. Böttcher (ca. 1600) (no. XIV).
3. O. O. 1611 zuf. mit Peter Leu von Widman (no. XVI).
4. O. O. 1620 zuf. mit Peter Leu von Widman (no. XVIII).

Hierzu gehörte ohne Zweifel auch die verschollene Ausgabe O. O. 1613 (no. XVII).

Als besondere Merkmale hat diese Gruppe vor allem das Weglassen des Schlußwortes mit dem Namen des Bearbeiters Philipp Frankfurter (Vers 2157—86) sowie eine größere Lücke, die Verse 599—632 umfassend. Für letztere Auslassung lag der Grund wahrscheinlich darin, daß die benutzten Vorlage gerade das entsprechende Blatt fehlte. Vielleicht wurde aber beim Satz der Ausgabe von 1596 (no. XIII) oder ihrer Vorgängerin ein Blatt der Vorlage überschlagen, und die Nachdrucker behielten diesen Fehler stumpfsinnig bei. No. XIII

[1]) Knoblochzer liebte es in seiner Heidelberger Tätigkeit, auf seine älteren Verlagswerke zurückzugreifen. Ich erinnere an die beiden Straßburger Drucke der Melusine v. J. und den Heidelberger Nachdruck vom J. 1491. Vgl. meinen Aufsatz in der Zeitschr. für Bücherfreunde I S. 132 ff. u. Schorbach u. Spirgatis, Heinrich Knoblochzer 1888 no. 7 u. 18.

ist die direkte Quelle von XIV, no. XVIII ein flavischer Nachdruck von no. XVI. Alle hierher gehörigen Ausgaben haben nur einen Titelholzschnitt, aber keine Textbilder.

Werfen wir noch einen Rückblick auf die Ausstattung der Kalenbergerdrucke mit Illustrationen, so zeigt sich, daß diese für die Geschichte des Holzschnittes nichts von Bedeutung darbieten. Die Bilder der ältesten erhaltenen Ausgabe (no. I) sind rohe Umrißzeichnungen in Spielkartenmanier und ebenso die Formschnitte der Heidelberger Edition (vgl. unser Fakfimile). Besser in der Zeichnung sind die Abbildungen des Nürnberger Druckes (vgl. die Reprodukrionen bei Bobertag). Handwerksmäßige Arbeiten zeigen die Illustrationen der beiden Frankfurter Ausgaben von 1550 u. 1556 sowie die Bilder des Augsburger Druckes von 1602. Auch die verschollenen Straßburger Kalenberger-Ausgaben boten nichts Hervorragendes (vgl. no. V u. XI). In den Drucken der 2. und jüngsten Gruppe (1596—1620) bildet ein unbedeutender Titelholzschnitt den einzigen Schmuck, welchen eine jede Ausgabe ihrer Vorgängerin nachbildete. Die erste Vorlage war vermutlich eine den beiden Frankfurter Drucken (no. VIII. IX) nahestehende Ausgabe, vielleicht die verschollene Augsburgische von ca. 1540 (no. VII).

Ein kritischer Text der ursprünglichen Kalenbergerschwänke läßt sich bei der Beschaffenheit der Überlieferung nicht mehr herstellen. Über die von Phil. Frankfurter bearbeitete Form des Gedichtes kann man nicht zurückgehen. Für diese gerettere oberdeutsche Textgestalt aber sind allein von Wert die 3 alten Drucke no. I—III, für einzelne Stellen auch no. VII—IX. Am wichtigsten für die Herstellung eines guten Textes sind die oben abgedruckten Augsburger Bruchstücke, die nur wenig Fehler aufweisen, und die Nürnberger Ausgabe, welche in Bobertags Neudruck bequem zugänglich ist. Den Heidelberger Druck bietet jetzt unser Faksimile.

Für mehrere Schwänke des oberdeutschen Kalenbergerbuches, die uns nur verstümmelt überliefert sind, gewähren die niederdeutschen Fragmente des „Kerkheren van dem Kalenberge" ein wertvolles Vergleichungsmaterial. Gegen Ende des 15. Jahrhunderts, als der niederdeutsche Eulenspiegel nach Süden wanderte und von Straßburg aus sich in alle Welt verbreitete, kam der österreichische Kalenberger nach dem Norden und gelangte von Lübeck aus in die Niederlande und nach England.

Um das Jahr 1497 erschien zu Lübeck, wahrscheinlich bei Stephan Arndes, ein niederdeutscher Kalenberger-Druck, von dem sich leider nur geringe Reste erhalten haben. Gerettet sind im ganzen 4 Blätter, und zwar 3 von dem Bogen B und einer vermutlich von Lage D. Bl. B I besitzt das Brit. Museum in London (vgl. Proctor no. 2646), Bl. B II die Stadtbibl. zu Lübeck, Bl. B IV die Kgl. Bibl. in Berlin, das Brit. Museum und die Lübecker Bibliothek; das Fragment von Lage D bewahrt die Kgl. Bibl. zu Berlin [1]). Der ganze Druck umfaßte wahrscheinlich 10 Bogen in kl. 4°. Auf voller Seite stehen 33 Zeilen. Die Type ist eine kräftige Schwabacher. Ein Faksimile bietet Seemüller a. a. O. Tafel V°. Die Verse sind abgesetzt, jedes Verspaar mit Versal beginnend. Auf den geretteten Blättern sind 3 Holzschnitte erhalten (95 × 65 mm), vergrößerte, gut ausgeführte Nachschnitte nach der verlorenen oberdeutschen Vorlage.

Daß eine niederdeutsche Übersetzung des Kalenbergers existierte, hat zuerst v. d. Hagen, Briefe in die Heimat I (1818) S. 131 bekannt gemacht. Die von ihm genannten 2 Blätter in Deesmeyers Sammlung sind jetzt in Berlin. Im Jahrbuch des Vereins für nd. Sprachforschung 1875 S. 66 ff., 1876 S. 145 ff. und 1892 S. 111 ff. haben W. Mantels u. R. Priebsch die niederdeutschen Fragmente veröffentlicht. Zur bequemen Vergleichung gebe ich im Nachstehenden einen neuen Textabdruck [2]).

[1]) Es sind also Reste von 3 Exemplaren. Fatalerweise hat sich 1 Blatt 3fach erhalten. Es wäre zu wünschen, daß noch weitere Bruchstücke auftauchten. Die Hoffnung ist aber nicht groß. Wie es scheint, ist die ganze Auflage des nd. Druckes perirrt worden.

[2]) Die Schreibung von v und u wurde geregelt.

Die Bruchstücke deß niederdeutschen Textes.
(„De kerkhere van dem Kalenberge".)

[Bl. B 1ᵃ]
in London „wente he dat kerkhues decken moet (vgl. Bobertag Vers 254 ff.)
inde wy willen em kamen vor
unde snelliken decken dat koer,
so he uns de köre heft ghegheven.
my dunket, yk hebbe yuw gheraden even."
se spreken: „du hefst uns gheraden recht"
unde lacheden: „wy doen alze du hefst gesecht".
se senden tome kerkheren ere denres do')
unde leten em seggen alzo:
se wolden dat koer na siner wal
bereyden unde decken laten overal.
de kerkhere sprak: „dat bevelt my wol,
hyrna yk my rychten schal,
up dat dat gades hues gheeyret werde
unde de kerke werde ghedecket mede."
de buren hasteden sere mit dem koer,
up dat se quemen deme kerckheren tovoer
mit des kores nygen dake.
de kerkhere vortroech do sine sake
myt dem decken mennige weken. (Bobertag V. 273 ff.)
„gy hebben so nicht gesecht," de buren spreken,
„des schöle gy yuw yummer schamen,
yo en schal yuw') nicht doen vramen."
den kerckheren wart do vertornet sin moet.
he sprak: „yo en dunket yuw nicht gud,
dat yk drôghe stae to kore al hyr.
nu decket sulven to de gathe schyr,
dar dorch gy werden beregent."
eyn yewelker sik do ghesegende. (Bobertag V. 284 ff.)
de buren spreken do al wiß:
„eyn selßen man de kerkhere is."
he sprak: „ghesegent yuw dar vor!
yk stae al drôghe in disem kore
[Bl. B 1ᵇ] vor reghen unde ok vor winde.

---

¹) Diese oberdeutsche Reimworte zwangen den nd. Bearbeiter zu kleinen Änderungen im Ausdruck und Versschluß.
²) Der alte Druck hat fälschlich: my.

vorforget juwen orth, myn leven kynde,
wylle gy anders nicht ym nathen staen.
nicht bethers yk juw raden kan."
he leth fik nicht vorschrecken,
de buren mosten de kerken decken,
wolden se anders nicht werden nath,
unde weren se ghewest noch so quad.

D Hyr kumpt de kerckhere
    unde medet arbeydes lüde
    umme¹) loen.

[Holzschnitt]

Eynes daghes do wolde he gaen   (Bobertag V. 297 ff.)
unde meeden arbeyders lüde umme dat loen.
he quam dar hen an de meede stad
eyn yewelker ene umme arbeyd bad,
menniger was em do bereyt,
he wysede se henne to der arbeyt.   (Bobertag V. 302 ff.)
he bevol en do dat arbeyt
[Bl. B II⁰
in Lübeck
unde sprak: „yk moet na hues wezen bereyt²),
laet juw dat arbeyt bevalen syn,
beth ik ghemelke de kost myn."
dar mede scheydede he van en.
se arbeyden alle na erem sinne,
eyner arbeyde so, de ander sus,
se deden alle na erer lust,
beth dat ok quem de avent schoen,
dat men gyft eynem yewelken syn loen.
se quemen alle na hues ghegangen
unde wolden do ere loen entfangen.
wo wol he hadde ghemaket eyn ghedinge,   (Bobertag V. 318 ff.)
he brack aff eynem yewelken eynen pennynck.
dat duchte se wezen alto swaer,
spreken to deme kerckheren al dar:
„here, id dunket uns nicht gud,
dat gy uns am lone affbreken doet,
wy doen yo gans na juwem willen."
de kerckhere dede do de rede styllen

---

¹) Der Druck hat: ymme.
²) Im niederd. Text etwas geändert des Reimes wegen. Man beachte die Reimnot.

unde warp en do dat ghelt nedder,
he sprak: „kamet morgen alle her wedder."
des anderen morgens also vroe
quemen se alle ghegangen tho,
darumme worden se van em ghespyset.
an eynen berch he se do wysede,
eyner dede den anderen anschouwen,
se mosten alle yegen dale houwen.
se spreken: „here, dat doet uns sere wee, (Bobertag V. 331 ff.)
wor hebbe gy dat ye ghefeen meer,
dat erdryke yegen dem berch theen?
wy mochten wol alle van yuw vleen."
he sprak to en: „nu swyghet stylle,
gy spreken, gy wolden na alle mynem wyllen
arbeiden, wo yk ock sulven wolde, [Bl. B II]
dar vor yk yuw lonen scholde."
se spreken: „here, yd en is nene seede,
dat gy uns sus varen mede,
wy hebbent also nicht ghemenet."
de kerckhere sik do mit en voreniget,
he sprak: „yk ghere yuw wol yuwe loen."
he wysede se an eynen anderen yaen. (Bobertag V. 344 ff.)

D Hyr kumpt der buren vyravendes voghel.

[Holzschnitt]

se arbeyden al dar beth na myddach,
de kerckhere an eynem berghe lach.
do quam eyn trappe dort heer ghevlaghen,
de kerckhere sprak al unbedragen:
„wat voghel mach dar heer vleghen,
de so sere dort schryen?"
de arbeyders spreken mit worden hoghe:
„here, yd is unse vyravendes voghel." (Bobertag V. 382.)

[Bl. B III fehlt]

[Bl. B IVa] in
Berlin, London
u. Lübeck
„em eghet wol eyne schalckheit van my ')."
de köster to deme kerckheren ginck,
de kerckhere ene gar wol entfenck,
he clagede em alle syn ghebreken.

') Die Geschichte von den Linsen ist im oberdeutschen Text abweichend erzählt, vgl. Bobertag V. 399 ff.

de köster beghunde al do to spreken:
„here, weset gudes modes unde weset vro,
yck weet ghans guden raet dar tho.
ick wil so also vögen unde raken
unde wyl yuw eyn wyt pulment maken
van mandelen unde van anderen krüden,
dat plecht to helpende so danen lüden."
de kerckhere sprak: „kanstu dat doen,
du schalt dar vor krygen dyn loen."
de köster do nicht lange beyde,
van linsen he eynen bry bereyde,
dar scholde em de buek af swellen
unde em in deme lyve umme wellen.
do he to dem kerckheren quam,
de kerckhere dat drade to sik nam,
de linsen vor eyne artsedye,
hyr aff wart vorder nene mangelye.
des anderen daghes darna nicht lanck,
also dat de kerckhere missen sanck,
dat lijff beghunde em to blaßen,
gar nouwe konde he lößen de boßen,
he ginck van eynander strijden
unde leeth eynen hopen¹) glijden
al dar hen sunder alle wan,
dar de koster plach to staen.
he leeth sik nergen ane merken do
unde leep wedder to deme altare tho.
dyt gheschach, de wyle dat de köster leep
unde de buren tohope reep,
[Bl. B IVᵇ] de dar scholden lüden tom strlnisse.
de koster quam wedder dar al wyß
unde wuste hyr nergen van.
he ginck recht in den dreck staen,
eyn röke quam em in de nese so sure.
he sprak: „phu, de mort slae den bure,
de my dat to schande heft ghedaen,
dat övel möte em so ock bestaen."
de köster leeth sik merken nicht,

he krech einen beſſem, de was dycht,
wente yd was alzo ghevlegen,
he moſte den dreck ſulven uth dreghen.
de kerckhere ſprak to em al dar:
„du byſt eyn dore al apenbaer,
doch ſo heſſtu anders nene tynſe,
du drechſt wol uth mit den ſchoen de linſe.
dyt is yo dyn rechte loen,
ſulkeme arſte ſchal me ſo doen.“

D Hyr wil de kerckhere vlegen.   (Vgl. Bobertag nach V. 422.)

[Holzſchnitt.]

[Lücke von mehreren Blättern].

ſus quam he vor den byſchop dar[1]),
de dar ſath vor der porten vorwar.
he ſprak: „wo kame gy ghereeden alſo?“
de kerckhere ſprak: „neen, here, ſeeth to.“
he ſprack: „kumpſtu dan gegangen?“
de kerckhere ſprak: „neen, here, it kame ghehangen
to yuwer gnaden al unvordroten,
yd wyl my vele meer nicht bathen,
men dat yk kryghe eynen wyden ers yo.“
dat gheſinde ſprak: „wo rede gy ſo?“
he ſprak: „ſwyget ſtylle, myn leven kynt.
wo geyt tho? is myn here blynt,   (vgl. Bobertag V. 716 ff.)
dat he my nicht anders entfangen doet?
efte kompt yd uth overmoet?“
ſe ſeden: „em is ſyn gheſichte ſwack,
he ſuet dar uth alze dorch eyn düſter fack.
wete gy nicht wat gud dar tho ſy,
ſo leret uns de arſtedye.“
he ſprak: „vorwaer, dat do ick ſchyre,
unde wil he nu volgen my,
twe mael beth ſchal he ſeen morghen,
dat ſegge ick vorwaer an alle ſorgen.
myne kunſt, de ick kan[2]),
de lere ick allenen, dem yck yd gaen.

[1]) Die folgenden Verſe fehlen im oberd. Kalenberger.
[2]) Dieſe Stelle fehlt im oberd. Text.

an alle ſpot, ſo moet he ock ſyn,
dem ick ſe lere, ein truwe vrund min."
de dener ſede ib ſinem heren.. (Bobertag V. 727 ff.)
de biſſchop ſprak: „laet ene to my keren,
ick wil vorſoeken ſinen raet,
wol weet wat he gheleret heft!"
de dener reep do dem kerckheren.
he quam dar heer mit ſiner ghebere
alze eyn guet old vader. (Bobertag V. 733 ff.)

[? Bl. D⁴] vor den byſchop do trath he,
unde he ene do ſchone entfenck
unde vraghede ene, wor ib upgynck.
he ſprak: „here, dar me ſaget."
„dyne olde ghewanheit dy nicht vorlatet,"
ſo ſprack de byſchop to dem papen,
„wo wultu my arſtedye ſchaffen,
dat myn gheſichte werde gued!
du helpeſt my wol hyr uth."
he ſprack: „o pater glorioſe, (Bobertag V. 743 ff.)
yuwer gnade eyn weynich loße,
wat yk dar to raden wil.
gy overhoppen my nicht over nacht dat ſpyl.
hövelt unde hóghelt deſte meer
over nacht unde hether yuw bringen heer
en ſchóne ſuverlike wyff,
dat recht gheteme yuweme lyve.
myn here, volghet my dar, vorwar,
ſo werden yuw de oghen klaer.
hóret my unde doet em alſo,
gy werden ſyn ghewaer morghen vroe."
de byſchop was ein ghantz old man: (Bobertag V. 755 ff.)
wol weet wat eynem helpen kan!
he ſende drade na eyner do
de olde byſchop unde ghedachte alſo:
„kondeſtu dar aff to paſſe werden,
yd en koſte dy yo neen veer perde."
des morghens em de kop wart ſwymelende. (Bobert. V. 761 ff.)
he ſprack: „hóre up, myn levet kyndele,
de kunſt wyl my wezen to ſwynd,

fe maket my drade ghang blynd."
also entfleep he ane forghen
beth an den lychten morghen.

(Bobertag V. 766.)

Die Lübecker niederdeutsche Kalenbergerausgabe, von welcher nur die vorstehenden 24 Verse gerettet sind, hat als Quelle einen verlorenen oberdeutschen Druck benutzt[1] der fehlerfreier war, als die Nürnberger Inkunabel und die spätern Editionen. Im Großen und Ganzen schließt sich der niederdeutsche Text sehr eng an seine Vorlage an, sogar sprachwidrige oberdeutsche Reime sind oft beibehalten. Selbständig verfuhr der niederdeutsche Bearbeiter nur an 2 Stellen. Der unsaubere Schwank von den Linsen, der auf Bl. B IV überliefert ist, wird ganz abweichend vom oberdeutschen Kalenbergerbuch erzählt. Nicht übereinstimmend wird auch der Besuch des Pfarrherrn beim Bischof von Paffau dargestellt (auf dem letzten geretteten Blatt aus Lage D). Die niederdeutsche Faffung ist hier ausführlicher, wohl in dem Bestreben, die unklare Erzählung des oberdeutschen Textes verständlicher zu machen.

Es ist zu beklagen, daß nur so geringe Reste des niederdeutschen Textes übriggeblieben sind. Wäre er vollständig erhalten, so würde er wegen seines im allgemeinen engen Anschlusses an die oberdeutsche Vorlage für die Textkritik wertvolles Material darbieten. Ob dem Lübecker Druck des „Kerkheren van dem Kalenberge" neue Auflagen folgten, ist nicht bekannt. Unmöglich wäre es nicht. Sicher ist, daß das niederdeutsche Gedicht die Grundlage wurde für den niederländischen und indirekt auch für den englischen Prosatext des Kalenbergers.

Der niederländische „Paftoor te Kalenberghe".

Im Anfang des 16. Jahrhunderts wurde der niederdeutsche Text des Kalenbergers in niederländische Profa umgearbeitet, die wahrscheinlich erstmals um das Jahr 1510 zu Antwerpen im Druck erschienen ist. Von dieser Ausgabe scheint leider kein Exemplar gerettet zu sein, was nicht Wunder nehmen kann bei der planmäßigen Ausrottung der niederländischen Volksbücher durch die strenge Zensur im 17. Jahrhundert.

Glücklicherweise ist jedoch eine spätere Auflage des Buches auf uns gekommen, welche zu Amsterdam im Jahre 1613 herauskam. Der Titel, deffen erste Zeile xylographisch hergestellt ist, lautet:

Een schoone ‖ genucchelicke en feer plaßfante ‖ hiftorie/ van den Paftoor te Kalenberghe/ van ‖ sijn wonderbaerlicke abontueren ende cortswijlige cluchsten die hy by sijnen leven bedreven heeft: Seer ‖ recreatif ende luftich voor alle menschen om lesen. ‖ Nu wederom op nieu overfien/ ende met schoone figueren verciert/ ‖.

Dann Holzschnitt. Unter diesem die Druckangabe:

t'Amsterdam/ ‖ By Albert Bouw-manßen/ woonende op S. Antonis Dijch/ ‖ Anno 1613.

Das Buch hat 3 Bogen in 4°. Letztes Blatt unbedruckt. Zweispaltiger Satz, ausgenommen der Prolog. 9 unbedeutende Holzschnitte, der Titelholzschnitt am Ende wiederholt. Die Textilluftrationen sind durch Seitenleisten verbreitert, um beide Spalten auszufüllen.

[1] Möglicherweise bot die gänzlich verlorene Straßburger Text-Redaktion des oberdeutschen Kalenbergerbuches bereits einige Schwänke in abweichender Faffung und war hiermit das Vorbild für den niederdeutschen Bearbeiter. Vgl. Jahrbuch des Vereins für niederd. Sprachforschung XIII (1887) S. 152.

Ein Exemplar besitzt die Universitätsbibliothek zu Göttingen, über welches Karl Meyer (Sammlung bibliothekswissensch. Arbeiten 6 S. 6 ff.) berichtet hat.

Der niederländische Text beginnt mit einem Prolog, der aus 11 Reimzeilen besteht. Dessen Anfang lautet:

> Prologe.
>
> O Gob Almachtich van den hooghen throone (etc.).

Darauf folgt die Überschrift:

> Hier begint die materie des Boecx. Hoe een Clerck eenen grooten Visch cochte, om dien te schenken den Hertoghe van Oostenrijch.

Dann hebt die erste Erzählung an:

> In die oude Chronijcken der Hertoghen van Oostêrijc vinde wij be-
> schreven, dat in de tijden van den deuchdelijcken Prince ende Hertoghe
> Otto van Oostrijck, woonde in die machtige stadt van Weenen een
> Borgher ... (etc.) [1].

Im Schluß heißt es:

> Hier eijndighet de seer lustige en ghenuechjeliche Historie, van den Paep
> van Kalenberghe.

Daß dieser niederländische Text wirklich eine Prosabearbeitung des niederdeutschen Gedichtes ist, ergibt sich daraus, daß an manchen Stellen noch die alten Reimworte unangetastet stehen geblieben sind [2]. Die Arbeit des Niederländers ist eine durchaus selbständige und recht geschickte. Er behandelt seine gereimte Vorlage bei der Umsetzung in vlämische Prosa völlig frei und geht ganz planmäßig vor. Seine Auslassungen sind nie ohne Grund gemacht und seine Zusätze verfolgen den Zweck, die Mängel und Unklarheiten der benutzten Quelle nach Kräften zu beseitigen [3]. Das Resultat war ein klarer und lesbarer Text, eine gute Auswahl der besten Schwänke des drolligen Kalenberger „Papen", in ansprechender Form erzählt [4].

Wenn uns auch das Werk des unbekannten niederländischen Bearbeiters nicht in seiner ältesten Form überliefert ist, sondern nur in einem verhältnißmäßig späten Druck, welcher sich auf dem Titelblatt als „nu wederom op nieu, oversien" bezeichnet, so liegt doch kein Grund vor zu der Annahme, daß diese jüngere Ausgabe wesentliche Änderungen an dem Originaltexte vorgenommen habe. Die aus dem Niederländischen geflossene englische Übersetzung der Kalenbergerschwänke spricht vielmehr gerade durch ihre Übereinstimmung mit dem vlämischen Text deutlich dagegen.

---

[1] Ein großes Stück des Textes ist abgedruckt von W. Köppen im Jahrbuch des Vereins f. niederd. Sprachforschung 1894 S. 103 ff.

[2] Die im niederdeutschen Gedicht eigenartig gegebene Erzählung von den Linsen ist ebenfalls von dem niederländischen Bearbeiter übernommen. Das oberdeutsche Kalenbergerbuch hat hier eine abweichende Darstellung.

[3] Über die Differenzen zwischen dem obl. und nd. Text vgl. Köppen a. a. O. S. 101 f.

[4] Die niederländischen Litteraturgeschichten bieten nichts über dies hübsche Schwankbuch. Es ist erfreulicherweise die Absicht der Maatschappy der nederlandsche letterkunde in Leiden, den „Pastoor te Kalenberghe" in der neuen Sammlung der „Niederlandsche Volksboeken" zu veröffentlichen.

Der englische „Parson of Kalenborow".

Um das Jahr 1520 ging von Antwerpen aus die englische Übersetzung des niederländischen Kalenberger-Textes in die Welt. Das kleine interessante Buch wird gewöhnlich unter folgendem Titel aufgeführt: »The Storie of the Parson of Kalenborowe. Antwerp by John of Doesborowe [u. d.] 4°.'). Von diesem Druck hat sich leider nur ein einziges unvollständiges Exemplar erhalten, welches jetzt in der Bodleiana zu Oxford [Douce Collection K. 94] bewahrt wird. Ursprünglich waren es wahrscheinlich 26 Blätter, aus den 5 Lagen A—E bestehend, die abwechselnd 6 u. 4 Blätter zählten. Die Signaturen sind ganz fehlerhaft gesetzt. Einspaltiger Satz, kräftige gotische Schrift niederl. Charakters. Gerettet sind nur 23 Blätter; der Titel, die Einleitung und der Schluß fehlen. Das Bruchstück enthält noch 13 Holzschnitte, wertlose Kopien nach der Vorlage und indirekt auf den Lübecker Druck des nd. Kalenbergers zurückgehend. In den Abschnittanfängen stehen xylogr. Initialen, vor den Überschriften und Absätzen ¶. Ein Faksimile von Bl. 3ᵇ [der Parson will über die Donau fliegen] bietet See- müller in Gesch. der Stadt Wien III, Tafel Vᵇ.

Das Bruchstück beginnt [Bl. 1ᵃ, fälschlich mit Cij signiert] mit der Geschichte vom neuen Kirchendach:

„come to it and all onconered in such maner that it rained in at euerij corner, so that no man coud stande drije in it, whan it was foule webber for lacke of reperacion" (etc.)³).

Der Text bricht ab [Bl. 23ᵇ] im letzten Bauernschwank, wo die Bauern ihren Pfarrer bitten, vom Weidegang abzustehen, und endet so:

„as theij did manij ȝeres vnder the lawes of almijghtij god and after that he changed benefice for another"³).

Über den Verfasser des englischen Textes ist nichts bekannt. Douce, der frühere Besitzer des wertvollen Druckes, hat in einer dem Buch beigefügten Notiz der Vermutung Ausdruck gegeben, »that this most curious work was translated from the German or Flemish by Richard Arnold during his residence at Antwerp . . . .« Ob diese Ansicht richtig ist, muß vorerst dahin gestellt bleiben.

Der englische Kalenberger-Text war bei Germanisten und Anglicisten fast ganz in Vergessenheit geraten. Das Interesse für ihn wurde erst wieder geweckt durch die anregenden Untersuchungen von Charles H. Herford über die literarischen Beziehungen zwischen England und Deutschland⁴), worin er im 5. Kapitel (the Ulenspiegel Cyclo) S. 272 ff. auch vom Kalenberger handelt. Nach einer Abschrift von Prof. A. S. Napier hat Edw. Schröder den englischen Text des »Parson of Kalenborow« veröffentlicht [Jahrb. des Vereins f. nd. Sprachforschung XIII 1887 S. 129 ff.]. Dem Herausgeber war damals der niederländische Prosatext van den Pastoor te Kalenberghe nicht bekannt und er mußte noch das niederdeutsche Gedicht als die Vorlage annehmen. Daß aber als direkte Quelle des englischen Buches die niederländische Prosa zu gelten hat, wurde von Karl Meyer (Sammlung bibliothekswiss. Arbeiten hg. von Dziatzko. Heft 6 S. 64 f.) zuerst nachgewiesen³).

Der Engländer folgte seiner Vorlage keineswegs sklavisch; an vielen Stellen nahm er kleine Änderungen vor, kürzte oft recht passend und geschickt, ergänzte aber auch zuweilen,

¹) Erwähnt wird es u. a. bei Jos. Ames, Typograph. Antiquities [ed. W. Herbert] III. (1790) S. 1531, von Cownbes, The bibliogr. manual V (1860) S. 1252, bei Gräffe, Trésor IV S. 2 und W. C. Hazlitt, Hand-book to the popular, poetical and dramat. literature of Great Britain (1867) S. 314.
2) Vgl. dazu den oberd. Text, Bobertag Vers 230 ff.
3) Vgl. Bobertag Vers 2119 ff. Es fehlt im engl. Kalenbergerbuche nur ein kurzer Schluß (von einem Blatt), in welchem natürlich Ph. Frankfurters Name nicht genannt war.
4) Herford, Studies in the literary relations of England and Germany in the sixteenth century. Cambridge 1886.
5) Vgl. ferner W. Köppen, Jahrb. des Vereins f. nd. Spr. 1894 S. 105.

um eine klare Darstellung zu erreichen. Nur einen größeren Abschnitt hat er ganz weggelassen, nämlich den Rätselwettstreit zwischen dem Kalenberger und dessen Amtsbruder, und zwar offenbar aus dem Grunde, weil die Fragen und Lösungen sich im Englischen nicht wiedergeben ließen. Dem Engländer fiel selbstverständlich eine weit geringere Arbeit zu, als seinem niederländischen Vorläufer, welcher das niederdeutsche Gedicht planvoll in lesbare vlämische Prosa umgearbeitet hatte. Aber auch der englische Übersetzer hat seine Aufgabe mit Geschick gelöst und die lustigen Kalenberger-Schwänke seinen Landsleuten in knapper und ansprechender Form erzählt.

In die romanischen Länder scheint sich die Geschichte von den Schelmenstreichen des Pfaffen vom Kalenberg nicht verbreitet zu haben. Wenigstens ist bisher noch kein Denkmal der romanischen Literatur bekannt geworden, in welchem jene weitberühmte Schwanksammlung nachgeahmt, benutzt oder zitiert wurde. Manche glauben jedoch, daß das Kalenbergerbuch in Frankreich nicht unbekannt geblieben wäre, und weisen auf die französischen Ausdrücke »calembour« nebst Ableitungen und »calembredaine« hin, welche sie als Lehnworte, wohl aus dem Englischen, auffassen[1]. Es ist indes sehr fraglich, ob das verhältnismäßig junge Wort calembour auf unsern alten Kalenberger zurückgeht, denn dessen Späße und Possen laufen keineswegs auf calembours oder Wortspiele hinaus[2]. Neuerdings hat man denn auch versucht, andere Etymologien für den Ausdruck zu finden[3].

Wie wir bereits oben erwähnten, waren die alten Schwänke unsres geistlichen Eulenspiegels schon im 15. Jahrhundert in Deutschland wohlbekannt. Der Bearbeiter des Neithart Fuchs[4] sagt am Schlusse seiner Kompilation über die Streiche Neitharts und des Kalenbergers folgendes:

„der pfaff vom Kallenberg vnd er[5])
hand sellich abentür verbracht,
die sünst kein man nie hat erdacht,
das man seit von in frü vnd spat
zů singen vnd zů sagen hat.'

Besonderen Anklang muß das Kalenbergerbuch in Straßburg gefunden haben, von wo es schon sehr frühzeitig in verschiedenen Ausgaben verbreitet wurde. Zahlreiche literarische Zeugnisse geben hiervon Kunde. Seb. Brant in seinem Narrenschiff 72, 24 erwähnt den Kalenberger Pfaffen, Murner spielt in der Narrenbeschwörung 3 mal auf ihn an, im Großen Lutherischen Narren einmal[6]. Die Straßburger Ausgaben des Eulenspiegel nennen den Kalenberger als benutzte Quelle in der Vorrede. Fischart nimmt in verschiedenen seiner Schriften Bezug auf unsern Schelmenpfaff, so im Nachtrab Düß', in der zweiten gereimten Vorrede zum Eulenspiegel[7], und in der Geschichtsklitterung Kap. 4[8]. Im Eulenspiegel heißt das Zitat Fischarts so:

„Dann wir haben hievor gesehen,
Wie daß den Leuten solches Spiel
Sehr auß der maßen wol gefiel,
Als nemlich das schön Buch vnd Werck
Von dem Pfaffen vom Kalenberg."

---

[1] Dgl. z. B. Phil. Chasles, Études sur l'Allemagne 1854 S. 83 und Littré, Dict. de la langue française I (1873) S. 454. Daß die Etymologie unsicher ist, erklärt auch A. Scheler, Dict. d'étymol. française (1888) S. 82. Ebenso unklar ist die Herkunft des deutschen Wortes Kalauer.

[2] Im älteren Französisch brauchte man statt calembours das Wort équivoque.

[3] Dgl. P. Larousse, Grand Dictionnaire universel III (1867) S. 129 ff.

[4] Dgl. Bobertag, Narrenbuch. S. 290 Vers 3867 ff.

[5] er = Neithart.

[6] Dgl. Alemannia XVIII S. 158 f.

[7] Dgl. Fischarts Werke II hg. von Hauffen S. 26 Vers 405 ff. Göbele, Grundr. 1² S. 344 hat diese Stelle übersehen.

[8] In der Ausgabe von 1582 Bl. E 4b.

Daß Luther in den Randglossen zur Bibel, Aventin in seiner Chronik und Joh. Jak.
Fugger in dem Ehrenspiegel (ca. 1555) des Kalenbergers gedenken, ist schon oben S. 2 ange-
merkt worden. Weiter sind zu nennen die Erwähnungen des närrischen Pfaffen in der Zim-
merschen Chronik I (2 A) S. 187 u. 319, bei Bebel, Facetiae 164, in der Vorrede von Agri-
colas Sprichwörtern, in Fellbachs Grobianus 34, bei Joh. Matthesius, Syrach (1586
Kap. XIX, (Predigt 4, Bl. 118b), bei Pondo, Jsaacs Heyrath (1590) Bl. H 2a und in Eyerings
Proverbia I, 527, 2, 47, 3, 350. 600 [1]). Hinweise auf den Kalenberger finden sich ferner in der
kleinen Schrift De generibus ebriosorum (1565) Bl. 12a und in den Thesen de Haßione (ca.
1590), in der 22. Thesis des ersten Teiles (wieder abgedruckt in den Nugae venales 1642 und in
den Facetiae Facetiarum 1645) [2].

Hier. Rauscher zitiert 1562 unseren Pfaffen in dem Titel seines bekannten Buches: „Hun-
dert auserwelte ... Papistische Lügen, welche ... Eulenspiegels, Marcolphi, des Pfaffen
vom Kalenberge ... weit übertreffen." Gegen Ende des 16. Jahrhunderts beginnt man,
unser Kalenbergerbuch bereits unter die „Schnudelbücher" zu rechnen. In diesem Sinne bezeichnet es Wigrinus 1571 in 3 Schriften, nämlich Affenspiel H 2, Beschlag Q 1a und Wider-
legung der 1. Centurie § 4. Bei Br. Seidelius, Paroemiae 1589 B 3 findet sich der spitzige
Reim:

> »Quique legunt pfaffi
> Calebergi facta vel affi.«

Auch Rollenhagen in der Vorrede zum Froschmeuseler sowie Adolf Rose von Creutzheim
im Vorwort zum Eselkönig zählt die Schwänke des Kalenbergers unter „die ärgerlichen, schand-
baren und schädlichen Bücher". Daß aber troß dieser Anfeindungen die Kalenbergerstreiche
noch im 17. Jahrhundert von Mund zu Mund gingen, bezeugt der österreichische Historiker
Hans Wilhelm von Greyssen [3].

Zu einzelnen Schwänken des Kalenbergerbuches will ich im folgenden noch mehrere kurze
Notizen und Hinweise auf verwandte Schwankmotive geben, die ich gelegentlich gesammelt
habe.

1. Die einleitende Erzählung von dem Studenten und dem Türhüter (vgl. oben S. 2
wird auch von Bebel, Facetiae 164 erwähnt (de grandi place et maneria dimidia parte). Diese
Geschichte von den erbetenen und geteilten Prügeln begegnet ähnlich in den verschiedensten
Literaturen. Die älteste Darstellung ist wohl die bei Maçoudi, Les prairies d'or VIII (1874)
S. 161 ff. mitgeteilte Historie von dem arabischen Erzähler Jbn-al-Magâzili und einem Eunuchen, der sich die Hälfte des Gnadengeschenks ausbedungen hatte. In 1001 Nacht ist die
Erzählung auf Hârun-al-Raschid übertragen, und die Szene spielt sich zwischen dem begehr-
lichen Eunuchen Masrur und Jbn-al-Kâribt ab (vgl. die Überseßung von Lane II 1859 S. 533
und die englische Ausgabe von Burton V 1885 S. 109 f.) Ein verwandter Schwank wird von dem
türkischen Eulenspiegel Nasreddin Khodja berichtet (vgl. Jos. v. Hammer, Gesch. des
Osman. Reiches I 1827 S. 629 f. und K. Köhler, Kl. Schriften I S. 495 Anm.). Anklänge
finden sich auch in Paulis Schimpf und Ernst no. 614 (Österleys Ausgabe S. 339 u. 542
no. 618), in der lateinischen Anekdote »De janitore imperatoris Frederici« (Wright, Selection of
latin stories 1842 p. 122), in der französischen Geschichte »Le brochet du Florentin« (Nouveaux
Contes à rire 1702 p. 186), in der englischen Romanze Sir Cleges [4], bey Eyering, Proverbia I
S. 527 und in vielen anderen Literaturdenkmälern.

2. Auf den Schwank vom neuen Kirchendach spielt im 16. Jahrh. die Zimmerische
Chronik an (Band I 2. A. S. 187 3. 9 f.): "Die münch theten eben, wie der pfarrer vom
Kallenberg" [5].

[1]) Einige dieser Nachweise verdanke ich Prof. J. Bolte in Berlin.
[2]) Vgl. K. Köhler, Kleinere Schriften III S. 625 f.
[3]) Im Cod. pal. Viad. 8347 Bl. 292 f. (vgl. Sermüller a. a. O. S. 25 Anm. 3) schreibt dieser: „desgleichen den
närrischen Pfaffen von Kahlenberg, Wigandum von Theben, deßen noch alle Tag gedacht wirdt".
[4]) Vgl. Englische Studien XXII S. 345 ff., wo K. Treichel verwandte Stoffe zusammengestellt hat.
[5]) Vgl. dazu Bobertag Vers 242 ff.

3. An das **Evarätsel** im Kalenberger[1]) erinnert der Rätselspruch: „Ein Junkfrau nit eine Tages alt was" 2c., der im 15. Jahrh. am Holzgesims eines Zimmers in Schloß Tausers (Tirol) eingeschnitten wurde (vgl. L. von Hörmann, Haussprüche aus den Alpen 1892 S. 194).

4. Zu der lustigen Geschichte vom **Fliegen** vgl. Poggio, Facetiae I (1798 S. 59) (Histrio volans) und die 14. Historie des Eulenspiegel.

5. Den Streich von der scheinbaren **Opfergabe der Bauern** erwähnt Murner in der Narrenbeschwörung k 4:

> „Dann er ließ opffer legen zu
> Syne puren, das er gab." (Vgl. Bobertag Vers 600 ff.).

6. Auf den obszönen Schwank von der **Kapellenweihe**[2]) nimmt Murner, Gr. Lutherischer Narr (hg. v. Kurz) V. 1452 ff.[3]) Bezug und ebenso Fischart, Geschichtklitterung Kap. 4. Wahrscheinlich spielt auch Dr. **Schwarm von Hummelsban** in seiner kurzweiligen Fastnacht-Predigt S. 3 darauf an. Ähnlichen Stoff behandelt ein französisches Gedicht, welches bei Montaiglon & Raynaud, Fabliaux III S. 178 ff. mitgeteilt wird (vgl. dazu Wright, Anecdota literaria 68—73 und Legrand d'Aussy, fabliaux III, 126 ff.. Verwandte Motive sind bei R. Köhler, Kl. Schriften II S. 599 f. zusammengestellt, wo auch ein deutsches Lied: „Der Sturm vor Raubeneck" zum Vergleich veröffentlicht ist. Vgl. auch Poggio, Facetiae I S. 223 (archiepiscopus quadrupes).

7. Die Geschichte beim Besuch der **Herzogin**, wo der Pfarrer die hölzernen **Heiligenbilder** zum Einheizen in den Ofen wirft[4], erwähnt G. Cognatus (in Pontani opera 1566 II 1128)[5] und führt den Vers an: „Bück dich, Jochlin, du mußt in Ofen" (vgl. Bobertag Vers 1173). Auch Th. Platter gedenkt des Schwankes[6] und gleichfalls Melander, Joco-seria (1611) S. 330 no. 291. Vielleicht bezieht sich auch die unklare Stelle bei Pondo, Isaacs Heyrath Bl. H 2a auf diesen Kalenbergerstreich.

8. Zu dem possenhaften Umzug des Pfaffen, bei welchem er die **Hofe als Kirchenfahne** benutzt[7], ist auf R. Köhler, Kl. Schriften III S. 507 hinzuweisen.

Eine apokryphe Kalenberger-Anekdote, welche in der von Ph. Frankfurter herausgegebenen Schwanksammlung nicht vorkommt, ist die von den **rollenden Schädeln**. Sie ist sicher eine späte Erfindung und fällt ganz aus dem Charakter der Streiche des Kalenbergers heraus. Es wird erzählt, daß unser Pfaffe auf einem Berge einen Korb mit Totenköpfen ausgeschüttet habe. Als dann ein jeder Schädel einen andern Weg nahm, rief der Kalenberger aus: Viel Köpfe, viel Sinne! Das tun diese im Tode, was werden sie erst im Leben getan haben!

Diese Anekdote wurde zuerst von Fugger im Ehrenspiegel S. 317 erwähnt, später auch bei Eyering, Proverbia II S. 47, von Zincgref, Apophtegmata 1626 und 1628 S. 389 und von H. A. von Ziegler, Histor. Labyrinth 1701 S. 697. Neuerdings wurde sie von Ed. Duller (Gedichte 1845 S. 280 ff.) in poetischer Form erneuert und von Anastasius Grün in seinem „Pfaff vom Kahlenberg" verwertet (vgl. unten S. 45).

Abgesehen von den Bearbeitungen, welche das oberdeutsche Kalenbergerbuch in Niederdeutschland, Holland und England erfuhr, hat es auch nach anderer Richtung hin Einwirkungen ausgeübt. Es ist kaum zu bezweifeln, daß der Kompilator des Neithart Fuchs zu seiner Arbeit durch den Schwankzyklus seines österreichischen Landsmannes angeregt wurde. Auch der Bearbeiter der Eulenspiegel-Schwänke steht unter seinem Einfluß und erwähnt

1) Bobertag Vers 540 ff.
2) Bobertag Vers 856 ff.
3) Vgl. Alemannia XVIII. S. 159.
4) Bobertag Vers 1125 ff.
5) Zitiert bei Göbele, Grundriß I² 344.
6) Vgl. W. Wackernagel, Beiträge zur vaterl. Gesch. (Basel 1846) S. 375 f. und Fechter, Thomas Platter 1840 S. 37.
7) Vgl. Bobertag Vers 1909 ff.

den Kalenberger als eine seiner Quellen[1]. Von den entlehnten Motiven nenne ich nur die Geschichte vom Fliegen und von der Verunreinigung der Kirche[2].

Ein direktes Gegenstück erhielt unser Schwankbuch um die Mitte des 16. Jahrhunderts, nämlich die Histori Peter Lewen, des andern Kalenbergers, in Reimen verfaßt durch Achilles Jason Widman[3] von Hall. Mit der Schilderung der abenteuerlichen Lebensumstände des schwäbischen Schalksnarren Peter Leu, welcher anfänglich als Blockträger (wegen seiner Löwenkraft wurde er Lewe oder Leu genannt) in Schwäbisch Hall arbeitete, dann am Zuge gegen die Armengecken (1444) teilnahm, im Alter von 30 Jahren zum ersten Male die Schule besuchte und es schließlich zum Pfarrer brachte, wollte der gelehrte Dichter ein Pendant zum alten Kalenbergerbuch liefern. Der Titel des neuen Werkes deutet es an.

Peter Leu ist durchaus keine fingierte Persönlichkeit (vgl. Crusius, Annales Suevici 1596 S. 654). Nach Angabe unseres Dichters soll der Held der erzählten Schwänke im J. 1496 als Priester in seiner Vaterstadt Schw.-Hall hochbetagt gestorben sein. Die Haller Chronik nennt ihn mit seinem eigentlichen Namen Peter Düsenbach[4]. Von den Abenteuern und lustigen Schwabenstreichen dieses Schelmenpfaffen müssen schon Ende des 15. Jahrh. Erzählungen im Volksmunde umgegangen sein[5]. Im Laufe der Zeit wurden dann auch ältere Schwänke und neuentstandene Anekdoten auf seine Person übertragen. Widman hat nun eine Auswahl[6] dieser Schnurren als junger Mann (um das J. 1555) nach mündlichen Quellen gesammelt und in Verse gebracht. Durch sein Gedicht hat er die komische Figur seines schwäbischen Landsmannes berühmt gemacht. Das neue Kalenbergerbuch wurde ein beliebtes und vielgelesenes Volksbuch. Von seinem ersten Erscheinen an (ca. 1558) bis in die Zeiten des 30jähr. Krieges erlebte die Histori Peter Lewen mindestens 6 Auflagen. Ich verzeichne kurz die mir bekannt gewordenen alten Drucke:

1. Frankfurt a. M., Weigand Han o. J. (1558) 8°. (in Celle).
2. Nürnberg, Valentin Neuber 1560. 8°. (in meinem Besitz).
3. Frankfurt a. M., Kilian Han 1573. 8°. (in Berlin u. Ulm).
4. O. O. 1611. 8°. zusammen mit dem Kalenberger (vgl. oben no. XVI in Dresden).
5. O. O. 1613. 8°. als Anhang des Kalenbergers (verloren) vgl. oben no. XVII.
6. O. O. 1620. 8°. zusammen mit dem Kalenberger (vgl. oben no. XVIII in Dresden und Wolfenbüttel. [Vgl. dazu Goedeke, Grundr. II² S. 322 no. 9.]

Alle diese Drucke haben nur Titelbild, keine Textillustrationen. Der von Ebeling (Die Kalenberger S. 25) angeführte sog. Erstlingsdruck: Frankfurt a. M. (Gülfferich) 1550. 8°, welchen er angeblich für seine Ausgabe benutzte, ist eine dreiste Erfindung (vgl. oben no. IV). Auch 2 andere Drucke, die er S. 31 anführt, eine bei Joh. Böcher in Magdeburg o. J. erschienene Ausgabe[7] und ein Sonderdruck des Peter Lew haben nie existiert.

Sein Vorbild, das alte Kalenbergerbuch, hat Widman in der dichterischen Form nicht erreicht; es fehlt ihm die ungezwungene Darstellung und der frische Humor. Aber er liefert troy der dürftigen Erfindung, der geringen Kunst des Ausdrucks und der hölzernen Verse ein beachtenswertes Denkmal der komischen Poesie, welches für die Kulturgeschichte reiche Ausbeute darbietet. In der Vorrede erwähnt der Dichter den Beifall, welchen der Kalenberger Pfaff gefunden, und hofft, daß er mit seinem Jugendwerk „nit undank erstech". Nur an einer Stelle lehnt er sich an das alte Schwankbuch an. Bei der Schilderung der Antrittspredigt des Peter Leu in Fischberg (Vers 1247 ff.) übernimmt er eine Stelle aus der ersten Predigt des Kalenbergers (Bobertag Vers 229) fast wortgetreu.

---

[1] Am Schluß des Vorwortes sagt er: „mit zulegung etlicher fabulen des pfaff Amis vnd des pfaffen von dem Kalenberg". Vgl. Neudrucke deutscher Litteraturwerke no. 55—56 S. 4.
[2] Es ist die 12. u. 14. History (a. a. O. S. 17 u. 19).
[3] Er war der Sohn des Chronisten Jörg Widman und etwa 1530 in Hall geboren. Im Jahre 1549 bezog er die Universität, vermutlich Ingolstadt, und 2 Jahre später studierte er in Heidelberg (vgl. Toepke, Heidelb. Matrikel I S. 611). Später wurde er gräfl. Hohenlohescher Vogt zu Neuenstein (bei Öhringen); er starb vor d. J. 1585. Vgl. den Aufsatz von Christ. Kolb, Der Verfasser und der Held des Peter Lew (Vierteljahrschrift für Litteraturgesch. VI S. 110 ff. und den Artikel „Widman" in der Allg. d. Biogr. 42 (1897) S. 344 ff., in welchem die weitere Litteratur über den Dichter verzeichnet ist.
[4] Der Priester Peter Düsenbach ist in Hall 1486 urkundlich nachweisbar (vgl. Kolb a. a. O. S. 114).
[5] Murner (Narrenbeschw.) kennt schon eine von Peter Lew erzählte Geschichte.
[6] Er sagt Vers 1624 (..) „Der histori noch viel mehr sint, welche Peter hat getrieben".
[7] Dies ist eine Verwechslung mit einem Kalenbergerband (vgl. oben no. XIV).

44

In prosaischer Fassung ist die Geschichte des Peter Leu in einer Reihe von Handschriften der Widmanschen Haller Chroniken überliefert[1]). Diese späten Aufzeichnungen (17. Jahrh.) lehnen sich an unser Gedicht an, aus welchem sie sogar vielfach die Reime beibehalten. Für die Textkritik sind sie aber ohne Wert.

Neuausgaben des Widmanschen Schwankbuches lieferten v. d. Hagen, Narrenbuch (1811) S. 353 ff., O. Schade im Weimarischen Jahrbuch VI (1857) S. 417 ff., Bobertag im Narrenbuch (1884) S. 87 ff. und Fr. W. Ebeling, die Zahlenberger (1890) S. 139 ff.[2]). Einen Prosa-Auszug aus Widmans Text veröffentlichte 1890 Karl Pannier, Der Pfarrer vom Kalenberg und Peter Leu (Reclams Universal-Bibliothek no. 2809; S. 79 ff.

Zum Schlusse muß ich noch einer größeren Dichtung des 19. Jahrhunderts gedenken, die zu ihrem Haupthelden den alten österreichischen Kalenberger, den lustigen Rat am Hofe Ottos des Fröhlichen, erkoren hat. Gemeint ist das tiefsinnige, mit feinem Humor gewürzte Werk des österreichischen Dichters Anastasius Grün, welches den Titel trägt: „Pfaff vom Kahlenberg. Ein ländliches Gedicht"[3]). Diese umfangreiche Dichtung, nach langjährigen Studien erst im reifsten Alter zum Abschluß gebracht, ist wohl die bedeutendste und gedankenvollste Schöpfung, die wir von Anastasius Grün besitzen. Sie setzt sich aus 3 längeren Gedichten zusammen: Nithart, Otto, Wigand, denen ein Vorspiel vorausgeht. Jeden der Hauptteile durchzieht ein bestimmter tiefer Grundgedanke. Im Nithart werden die hohen Ziele des Poeten, im Otto die Fürstentugenden und endlich im Wigand (von Theben) die ernsten Aufgaben des Priesters verherrlicht. Ein tiefer symbolischer Sinn verbindet die 3 Teile der Dichtung zu einer höheren Einheit.

Der Kalenberger Pfarrherr (Wigand nach Fuggers Bericht genannt) ist von Grün zu einer idealen Gestalt umgeschaffen worden. Freilich ist er auch bei ihm noch ein fröhlicher Schalk, der aber in seinen lustigen Einfällen immer auf die ernsten Wahrheiten hinweist. Nur wenige von den alten Schwänken des Kalenberger buches werden erneuert, und zwar mit voller dichterischer Freiheit. Die Posse mit den nackten Bauern wird z. B. gar nicht von Wigand ausgeführt, sondern (absichtlich geändert und symbolisch gedeutet) auf den Sänger Neithart, den Genossen des Kalenbergers am Hofe Ottos, übertragen. Wirklich ausgebeutet hat A. Grün nur die Geschichte vom Besuch der Herzogin im Kalenberger Pfarrhaus, wobei der Pfarrer mit den hölzernen Apostelfiguren den Ofen heizt[4]), und den Bauernschwank von der Hofe als Kirchenbanner.

Die apokryphe Anekdote von den rollenden Totenschädeln, die Grün aus Fuggers Ehrenspiegel entnommen hat, wird sein satirisch verwertet und mit tieferem Sinn ausgestaltet.

Anastasius Grün wollte in seinem „Pfaff vom Kahlenberg" keineswegs eine vollständige Erneuerung der alten Schwanksammlung geben. Er wählte nur das für seine Ideen brauchbare aus und gab den verwendeten Motiven einen neuen durchgeistigten Inhalt. Diese Dichtung Grüns fand nicht den Anklang, welchen sie wegen ihres Gedankengehaltes verdiente. Der oft überladene Bilderreichtum der Sprache, die breite Anlage des Werkes, die vor-

[1]) Derartige Manuskripte besitzt die Kgl. Bibliothek und das Kgl. Haus- und Staatsarchiv zu Stuttgart, ferner der historische Verein für württembergisch Franken und die städtische Bibliothek in Hall (vgl. Kolb in der Vierteljahrschrift für Litteraturgeschichte VI S. 113 Anm. 3].

[2]) Ebelings Text ist ebenso kritiklos und willkürlich angefertigt, wie sein widerlicher und unbrauchbarer Kalenberger text (vgl. oben in der Bibliographie no. IV].

[3]) Es erschien zuerst in Leipzig 1850. Am bequemsten zu benutzen ist es in Grüns Ges. Werken hg. von L. A. Frankl, Band IV (1877 S. 78—312. In spezieller Litteratur über diese letzte größere Dichtung Grüns erwähne ich nur: W. Botzmann, Anastasius Grün und sein Pfaff vom Kahlenberg 1877 und Heinr. von Kessel, Quellen-Untersuchungen über Anastasius Grüns „Pfaff vom Kahlenberg" (Münchener Diss.) 1901.

[4]) Dies ist einer der schönsten Abschnitte der Grünschen Dichtung, frisch und humorvoll dem alten Schwankbuch nachgedichtet. Die bekannte Stelle im Kalenberger Vers 1173 (Nun hat dich, Jeckl, da muß in offen) gibt Grün so wieder:
„Jafötchen, frisu dich rick und bäde,
Daß dir's nicht auf die Glatze bräde!"
Grün kannte unser Schwankbuch aus dem alten Frankfurter Druck vom Jahre 1550 (Ges. Werke IV S. 242).

herrschende Reflexion bei der Darstellung und die symbolische Ausdeutung des Stoffes haben allerdings etwas Ermüdendes und können den Leser leicht abschrecken[1]. Aber wenn man einmal die tiefe Idee des Ganzen erfaßt hat, so erfreut man sich an der reichen Gedankenwelt des Dichters und ist ihm dankbar dafür, daß er dem alten mutwilligen Schwankbuch einen neuen Kalenberger an die Seite gestellt hat. Aus dem verschlagenen derb-bäuerischen Dorfpfaffen, der die rohesten Possen verübt, ist ein fröhlicher gutmütiger Schalk geworden, in dessen lustigen Einfällen sich ein ernster Sinn verbirgt. Mit heiterem Antlitz waltet er des priesterlichen Amtes und erfüllt auch im Scherzen seine hohe Aufgabe, die innere Veredelung der Menschen zu bewirken und die Gedanken auf das Ewige zu lenken.

Für unsere Reproduktion wurde der drittälteste oberdeutsche Druck des Kalenbergers, die erste datierte Ausgabe (Heidelberg, Heinr. Knoblochzer 1490) ausgewählt, und zwar aus dem Grunde, weil von dem ältesten Druck bloß ein kleines Bruchstück, von dem zweiten nur ein defektes Exemplar erhalten ist, welche sich demgemäß nicht für eine Nachbildung eigneten. Die faksimilierte Inkunabel, eine Seltenheit ersten Ranges, bietet zudem durch ihre beiden Beigaben noch ein besonderes Interesse, von denen namentlich der Anhang, das Gedicht vom Ritter Alexander (ein Vorläufer des Liedes von Crimunitas), auch für die vergleichende Literaturgeschichte von Wert ist.

Zu der Nachbildung, welche schon vor längerer Zeit hergestellt wurde, ist zu bemerken, daß darin die dünnen Linien der altertümlichen Holzschnitte nicht immer scharf gekommen sind, woran wohl das gewählte Papier die Schuld trägt.

Der Großherz. Hofbibliothek zu Darmstadt schulde ich für die liberale Darleihung des seltenen Druckes öffentlichen Dank. Sodann verpflichteten mich durch Übersendung wertvollen Vergleichungsmateriales die Universitätsbibliothek in Basel, die Königl. Bibliothek in Berlin, die Königl. Bibliothek zu Dresden, die Stadt-Bibliothek in Hamburg, die Hof- u. Staatsbibliothek in München, die Familie Merkel und das German. Museum in Nürnberg und die Fürstl. Stolbergische Bibliothek in Wernigerode. Der Verwaltung der K. K. Hofbibliothek zu Wien habe ich zu danken für die bibliogr. Beschreibung des nicht versendbaren Druckes vom Jahre 1556.

---

[1] Die Würdigung von K. Grüns Pfaff von Kahlenberg durch Ebeling (Die Kahlenberger S. 23) ist völlig mißglückt; den Ihnen des Dichters ist er nicht nachgegangen. Wie die Textbehandlung Ebelings verwerflich ist, so muß auch die in hochfahrendem Tone geschriebene Einleitung als unbrauchbar bezeichnet werden. Sie strotzt von haltlosen Behauptungen, falschen Schlüssen, Flüchtigkeiten, Fehlern und Lügen!

Straßburg i. Elf.

Dr. Karl Schorbach.